Wunderbaum Niem

Ellen Norten
Unter Mitarbeit von Kordula Werner

Wunderbaum Niem

Medizin, Kosmetik, Pflanzenschutz
aus der Natur

Herausgegeben von Jean Pütz

Die Anwendungen und Rezeptvorschläge in diesem Buch sind von Autoren und Verlag nach bestem Wissen und Gewissen sorgfältig erwogen und geprüft, die medizinischen, kosmetischen und veterinärmedizinischen Informationen stellen aber keinen Ersatz für eine medizinische Betreuung jeglicher Art dar. Autor und Herausgeber bzw. Verlag und ihre Beauftragten übernehmen keine Haftung für etwaige Schäden, die sich aus dem Gebrauch oder Mißbrauch der in diesem Buch dargestellten Methoden und Rezepte ergeben.

Zu den Rezepten: Die angegebenen Zutaten sind u. a. in allen Läden erhältlich, die die Hobbythek-Produkte führen (s. Bezugsquellen). Die Abkürzungen bei den Mengenangaben bedeuten: Tr. = Tropfen; EL = Eßlöffel; Meßl. = Meßlöffel (2,5 ml), entspricht ½ Teelöffel (TL); Msp. = Messerspitze; Aqua dest. = destilliertes Wasser, Aqua dem. = demineralisiertes Wasser.

Bildquellen: S. 11, 15, 18, 51: Heinrich Schmutterer, Gießen; S. 46, 75, 80: Fotostudio Wieland & Zaber, Düsseldorf; S. 58: WDR, Köln; alle übrigen Fotos: Ellen Norten, Bonn.

Die Deutsche Bibliothek – CIP-Einheitsaufnahme
Norten, Ellen:
Wunderbaum Niem : Medizin, Kosmetik, Pflanzenschutz aus der Natur / Ellen Norten. Unter Mitarb. von Kordula Werner. Hrsg. von Jean Pütz. – Köln : vgs, 1996
ISBN 3-8025-1322-3

3. Auflage 1997
© vgs verlagsgesellschaft, Köln 1996

© Titelfoto: Ellen Norten, Bonn
Redaktion: Martina Weihe-Reckewitz
Lektorat: Susanne Breuer
Umschlaggestaltung: Christa Kochinke, Köln
Produktion: Ilse Rader
Satz: TypoForum Gröger, Singhofen
Druck: Universitätsdruckerei H. Stürtz AG, Würzburg
Printed in Germany
ISBN 3-8025-1322-3

Inhalt

Vorwort von Jean Pütz 7

Der Niembaum – ein Alleskönner . . . 11
Ein Baum reist um die Welt 13

Steckbrief für einen Baum 15
Schnell emporgeschossen 17
Niem ist nicht gleich Niem 18
Samen – Kerne – Öl 19
Vielseitiges Niemholz 21
Der eigene Niembaum 21
   Baum mit Eigenleben 23
Niem, Neem, Nim? 24

*Und in der Wüste wächst
doch ein Baum* 26
Beispiel Venezuela 28
   Erdöl – nur ein kurzes Glück 28

Retter in der Not 30
Niem für Ziegen 33
Kinderspiel im Schatten der
Niembäume 35
Erfolgsbeweis 36

*Niem – Wirkstoffe, Verarbeitung,
Anwendung* 38
Niemkerne 38
   Gemahlene Niemsamen 40
Niempreßöl 41
   Zum Schutz gegen Schädlinge 43
   Niemöl im Haus 44
Niempreßkuchen zum Kaffee-
klatsch? 46
Niemblätter 47
   Nicht zum Trinken: Niemtee 48
Niemrinde 48
   Erfrischendes Zahngel 49

Niem – das natürliche
Pflanzenschutzmittel 50

Wehret den Anfängen: Niem gegen
Heuschreckenplagen 50

Die Waffen des Niems 51
 Ewige Jugend 52
 Kein Widerstand 53

Niem als Schützling für den Nützling . . . 54
 Keine Angst vor Niem 55

Rezepte für die Pflanzenbehandlung . . . 57
 Niem gegen Gartengrasmilben 58
 Niem gegen extremen Schädlings-
 befall 59
 Niem gegen Mehltau 60
 Niem bei systemischer Anwendung . . 62

Patentstreit um ein Naturprodukt 63

Konflikt mit dem Pflanzenschutzgesetz 64

Niem als Gesundheitsspender 66

Niem und die Fliegen 66

Unschädlich für den Menschen 68

Medizinische Anwendung 71
 Niem gegen Hautkrankheiten 72
 Niem gegen Schmerzen 74
 Niem gegen Ungeziefer 75
 Niem gegen Mückenstiche 76

Kosmetik 80

Niem fürs Gesicht 80

Niem für Haare und Nägel 82

Niem für den Körper 83

Tierpflege 85

Register 87

Bezugsquellen 89

Vorwort

Liebe Leserinnen und Leser,

obwohl ich ein großer Liebhaber der Natur bin, ist diese Liebe bisher nie so weit gegangen, daß ich ein Buch ausschließlich einer einzigen Pflanze gewidmet habe. Allerdings haben mich bestimmte Bäume immer fasziniert, insbesondere wenn sie sich als stolze Individuen in der Landschaft behaupten. Diese Vorliebe habe ich auch in einer ganzen Diareihe dokumentiert, einerlei, ob die natürlichen Kunstwerke einheimische Bäume wie große Eichen, Linden, Buchen usw. sind oder fremdländische wie Pinien, Gingkobäume oder Palmen. Von allen diesen wäre vielleicht ganz besonders die Kokospalme herauszustellen, denn sie liefert praktisch alles, was die Menschen in den tropischen Gegenden benötigen. Aber irgendwie wollte ich mich nicht so im Detail festlegen las-

sen. In meiner journalistischen Arbeit möchte ich vor allen Dingen Zusammenhänge und Verknüpfungen zeigen, sozusagen aus der Draufsicht. Ich möchte das mal mit dem neumodischen Begriff »Helicopter-View« bezeichnen.

Daß es nun der Niembaum ist, bei dem ich dieses Prinzip durchbreche, liegt vor allen Dingen an einer Wissenschaftlerin und Wissenschaftsjournalistin, mit der ich seit einigen Jahren zusammenarbeite und die mich davon überzeugen konnte, daß dieser Baum etwas ganz Besonderes ist. Dr. Ellen Norten hat sich bereits während ihres Biologiestudiums und später während ihrer Doktorarbeit mit der Schädlingsbekämpfung auf rein natürlicher – biologischer – Basis beschäftigt. Sie präsentierte mir die unglaubliche Vielfalt der Niemprodukte und erklärte mir die Funktion der vielen Wirkstoffe, die dieser Baum zur Verfügung stellt.

Der Niembaum war seinerzeit in Deutschland noch fast völlig unbekannt. Mit der Hobbythek »Pflanzenschutz mit natürlichen Mitteln« im Frühjahr 1995 und später mit der Hobbythek »Garten und Balkonien – gesund ohne Gift« hat sich dies geändert. Wir haben daraufhin sehr viele Anfragen zum Thema

»Niem« bekommen. Nicht zuletzt deshalb meine ich, daß der Niembaum scheinbar unerschöpfliche Geheimnisse birgt, die dieses faszinierende Buch erläutert und damit die Berichte aus der Hobbythek ergänzt, die ja nicht solche detaillierten Hintergrundinformationen liefern können.

Schon von Anbeginn meiner journalistischen Tätigkeit, der immerhin schon 28 Jahre zurückliegt, habe ich auf den Medienverbund gesetzt. Auch aus diesem Grund habe ich den Entschluß von Dr. Ellen Norten sehr begrüßt, dieses Buch über den Niembaum zu verfassen, und bin gerne der Herausgeber. Sicher wird dieses Niem-Buch auch dazu beitragen, diesen ungewöhnlichen Baum noch bekannter und geschätzter zu machen. Er hat es verdient.

Der Niembaum interessiert mich übrigens auch noch aus einem weiteren Grund: Die Hobbythek hat sich in der Vergangenheit nicht nur immer für Naturprodukte interessiert, sondern auch für die Menschen, die davon und damit leben. Dieses Mal sind es vor allem Menschen in den Ländern der sogenannten Dritten Welt, die vom Verkauf der Niemprodukte profitieren. Gleichzeitig zeigen wir diesen Menschen aber durch unser Interesse auch, daß in den tropischen Pflanzen ihres Landes Wirkstoffe zur Verfügung stehen, die den synthetischen Pestiziden zumindest ebenbürtig sind, die die Menschen dort für viel Geld aus den Industrieländern beziehen oder die in Fabriken der multinationalen Konzerne einhergehend mit katastrophalen Umweltschäden produziert werden.

Alle diese Aspekte stehen stets im Fadenkreuz der Hobbythek. Es reicht nicht, wenn es uns in den Industrieländern gut geht und Millionen und Milliarden Menschen woanders im Elend vegetieren. Wir müssen etwas tun. Ein Beispiel, das wir intensiv unterstützt haben, ist die TransFair-Idee in bezug auf Kaffee, Tee und Kakao. Damals bin ich selbst nach Costa Rica gereist und habe vor Ort einen vielbeachteten Film über den TransFair-Kaffee gedreht, der dem Gedanken der Initiative großen Vorschub geleistet hat.

Der Niembaum könnte in der Zukunft Ziel ähnlicher Projekte werden. Schon heute bemühen sich Organisationen wie die UNEDO (Entwicklungshilfeorganisation der Vereinten Nationen), die GTZ (Gesellschaft für technische Zusammenarbeit), aber auch manche Stiftungen (wie die Friedrich-Naumann-Stiftung

in Venezuela) um die Realisation von Niemprodukten. Durch den Kauf dieser Waren in
einem fair gestalteten Niemhandel werden wir
in Zukunft hoffentlich auch hier solche
Ansätze unterstützen können.

Dies wiederum reizt mich auch aus einem
anderen Grund. Ich bin immer daran interessiert gewesen, ökologische, praktische und
gesunde Produkte auf den Markt zu bringen,
die es schon lange geben sollte, aber bisher
in dem durch große Supermarktketten und
Multikonzerne gestalteten Warenmarkt nicht
gibt. Bei vielen Stoffen handelt es sich dabei
um Rohmaterialien, die in unseren Rezepten
zur Herstellung von zum Beispiel ökologisch
wertvollen ballaststoffreichen Nahrungsmit-
teln, Kosmetika, Fruchtsaftkonzentraten oder
Waschmitteln dienen.

Voraussetzung meiner Unterstützung ist
dabei natürlich auch, daß diese Substanzen
kompromißlos umweltfreundlich sind und daß
sie den Menschen in vielerlei Hinsicht nützen,
sie unabhängiger machen von einer Unzahl von
Fertigprodukten, die uns meines Erachtens
immer mehr zu unmündigen Bürgern machen.
Viele dieser wertvollen Produkte sind zu wahren Verkaufsknüllern geworden, zum Beispiel

– um nur einige wenige zu nennen – unser ätherisches Teebaumöl oder unser Tausendsassa
Oranex auf der Basis von Orangenölen, mit
denen sich fast alles reinigen läßt.

Als Journalist ist für mich die Hobbythek
immer ein trojanisches Steckenpferd gewesen,
um Menschen über Dinge zu informieren, von
denen ich auch persönlich überzeugt bin. Übrigens: Finanzielle Vorteile durch den Verkauf
haben dabei weder meine Mitarbeiter noch ich
selbst. Das ist sozusagen Ehrensache.

Ich wünsche Ihnen eine interessante Lektüre
und viel Erfolg und Spaß bei der Anwendung
der wunderbaren Niemprodukte.

Ihr

Der Niembaum – ein Alleskönner

Der Niembaum – Gesundheitsspender für Mensch und Pflanzen. Auf den ersten Blick erinnert er mit seinen gefiederten Blättern an eine Esche.

Auf den ersten Blick könnte man den tropischen Niembaum sogar für eine einheimische Pflanze halten. Seine Blätter sind gefiedert, der ganze Baum erinnert an eine Esche. Allerdings könnten wir dem Niembaum in unseren Breiten nicht zufällig begegnen, denn er ist extrem kälte- und nässeempfindlich. Lediglich den Hochsommer würde er bei uns im Freien überstehen. Doch auch in öffentlichen Gewächshäusern ist er ein eher seltener Gast. Da er nicht besonders exotisch wirkt, werden dort andere, äußerlich spektakulärere Bäume ausgestellt. Das ist sicher ein Grund dafür, daß der Niembaum in Deutschland nur wenig bekannt ist, doch dies ändert sich ja nun.

Natürlich liegt der Ursprung des wärmeliebenden Niem in einem heißen Land. Der Niembaum stammt aus Myanmar (Burma) und Indien und wird dort seit jeher als Gesundheitsspender für Pflanzen, Tiere und Menschen verehrt. Das Wort »Niem« stammt aus dem Sanskrit, dem Ursprung aller indoeuropäischen Sprachen, und bedeutet übersetzt »der Heilspender und Krankheitserleichterer«. Schon um 1500 vor Christus wurde der Baum in diesem Zusammenhang in religiösen Aufzeichnungen erwähnt. Auch heute spielt der tropische Niembaum in der indischen Volksheilkunde und Kosmetik eine wichtige Rolle. Mancherorts wird er sogar als »Dorfapotheke«

bezeichnet – zu recht, denn viele der überlieferten Rezepte halten auch einer wissenschaftlichen Überprüfung stand.

Insbesondere in bezug auf den Pflanzenschutz sind die Anwendungen von Niemsamen und -blättern bereits von vielen Wissenschaftlern untersucht worden. Dabei zeigte sich, daß mit Niem behandelte Pflanzen vielen Schädlingsplagen trotzen: Pflanzenfresser und -parasiten wie Schmetterlingsraupen, viele Läusearten und Käfer lassen sich mit Niem wirksam bekämpfen. Mehr als 200 Insektenarten, aber auch eine Reihe von Milben, Würmern, Pilzen, Bakterien und sogar einige Viren reagieren empfindlich auf Nieminhaltsstoffe.

Dabei werden die Organismen keineswegs sofort umgebracht: Insekten zum Beispiel werden »faul«, sie fressen nicht mehr, paaren sich nicht mehr, legen keine Eier und bleiben oftmals einfach in ihrer Entwicklung stecken. Obwohl sie noch leben, richten sie keinen Schaden mehr an. Meist sterben die Tiere erst nach ein bis drei Wochen und können so für manche Nützlinge immer noch als »frische« Futterquelle dienen. Marienkäfer können auch von niemkranken Läusen naschen, und auch

ein Vogel wird sicher eine niembehandelte Schädlingsraupe leicht aufspüren.

Die Umweltverträglichkeit ist neben der Ungiftigkeit für den Menschen ein weiterer wichtiger Vorzug des Niems gegenüber chemisch-synthetischen Insektiziden mit dem sogenannten Knock-down-Effekt: Die Schädlinge – und mit ihnen natürlich auch die Nützlinge – fallen nach dem Einsatz einer chemischen Keule »mit einem Schlag« von den befallenen Pflanzen.

Für einen Inder ist der Niembaum Bestandteil des täglichen Lebens. Schon als Kind lernt er die Vorzüge dieses Baums schätzen. So werden Mückenstiche oder Hautverletzungen mit aufgelegten Niemblättern oder Niemsud behandelt. Gegen Fieber und Magen-Darm-Beschwerden, ja sogar gegen Malaria und Virusinfektionen werden die starken Niemtees eingesetzt. Läuse, Krätzmilben und Flöhe werden mit wäßriger Niemsamenlösung oder fertigen Niemshampoos vertrieben. Seifen, Zahnpasten, Gesichtslotionen oder Nagelöle enthalten Niemextrakt zur Reinigung und Pflege.

Niem wirkt desinfizierend, entzündungshemmend und fiebersenkend. Kein Wunder also, daß die Inder Respekt vor dieser Pflanze haben und sie zum Teil regelrecht verehren. Gläubige Hindus baden am Neujahrstag sogar in Wasser, in das sie zuvor Niemzweige getaucht haben. Dies soll ein gutes Omen für das neue Jahr sein.

Neben der medizinischen, kosmetischen und schädlingsbekämpfenden Anwendung gibt es auch noch die rein technische: Niempreßöl wird ähnlich wie andere Pflanzenöle kommerziell als Schmiermittel und Lampenöl verwendet (vgl. Seiten 19, 41).

■ Ein Baum reist um die Welt

Zur Zeit wachsen etwa 18 Millionen Niembäume in Indien, und mittlerweile haben sie sich in nahezu ganz Südostasien verbreitet. Während in Indien und den Nachbarländern wie etwa Myanmar (Burma) der Niembaum natürlich vorkommt, wurde er in alle anderen heißen Länder unserer Erde importiert. Zunächst gelangte er per Schiff nach Westafrika, wo die Menschen den anspruchslosen Baum nicht zuletzt als Spender von Feuerholz schätzen lernten. Die Niembäume gedeihen auch noch an den Stellen, an denen sich die Sahara erbarmungslos ausbreitet. In den heißen afri-

In vielen Ländern werden die Eigenschaften des Niembaums bereits geschätzt – nicht zuletzt als begehrter Schattenspender unter tropischer Sonne.

kanischen Ländern wurde der Niembaum zur begehrten Pflanze.

Niger, Nigeria, Ghana, aber auch ostafrikanische Staaten begrünen ihre Städte und Parkanlagen mit Niembäumen. Schatten ist in diesen Teilen der Welt, wo in der prallen Sonne extreme Temperaturen herrschen, ein unschätzbares Gut. Auch in Ostafrika, zum Beispiel im Sudan, in Somalia oder Mauretanien, ist der Niembaum heute weit verbreitet. In Saudi-Arabien wurde er eigens für die gläubigen Moslems gepflanzt. So spenden heute 50 000 Niembäume nahe Mekka den jährlich zwei Millionen Pilgern in ihren Camps Schatten und erleichtern so die Mühsal der Hadsch, der Pilgerfahrt.

In diesem Jahrhundert erreichten die Niembäume den amerikanischen Kontinent. In Nicaragua, Honduras, Kuba und in der Dominikanischen Republik wird der Niembaum in großem Stil angebaut; in Venezuela wird der Niembaum zur Zeit etabliert. In Nordamerika, wie auch in Europa, ist es für den Niembaum allerdings zu kalt, lediglich in Florida wachsen einzelne Bäume. Außerdem gibt es im Süden der USA einige kleine Versuchspflanzungen.

Steckbrief
für einen Baum

Niembäume entwickeln sich schnell: Schon nach drei Jahren können die ersten weißen Blüten zwischen den gefiederten Blättern erscheinen.

Der Niembaum gehört zur Familie der Mahagonigewächse, den sogenannten *Meliaceae*. Allerdings ist sein Holz keineswegs rot, sondern hellbraun bis gelblich gefärbt. Die Bäume sind immergrün, können jedoch einen Teil oder sogar alle Blätter unter besonderen klimatischen Bedingungen wie etwa starke Trockenheit abwerfen. Die einzelnen Fiedern sind rund zwei Zentimeter lang, bauchig geformt, mit zackeligem Rand und von hell- bis dunkelgrüner Farbe. An einem Stiel sitzen ungefähr zehn Blättchen und bilden eine Art Wedel, der in der Regel als Ganzes abgeworfen wird. Botaniker sprechen dabei von »gefiederten« Blättern und meinen damit den ganzen Wedel.

Niemblätter enthalten eine Vielzahl von Wirkstoffen, die sowohl in der Medizin und Kosmetik als auch beim Pflanzenschutz Verwendung finden. Niemblätter haben einen leicht basischen Charakter, sind chemisch also das Gegenteil von sauer. Die abgefallenen Blätter können deshalb dazu beitragen, saure Böden zu neutralisieren.

Unter trocken-heißen Bedingungen wachsen Niembäume extrem schnell. So kann es geschehen, daß die Bäume bereits nach drei bis fünf Jahren ihre ersten Blüten bekommen. Diese sind weiß und erinnern an die von weißem Flieder, allerdings sind sie zierlicher und sitzen nicht so dicht beieinander. Die Niemblüten sind entweder männlich oder Zwitter, sprich: Sie haben sowohl männliche Blütenteile, die Staubblätter, als auch weibliche Blütenteile, die Stempel. Ihr leicht aromatischer Duft

lockt verschiedene Insekten, zum Beispiel auch Bienen an. Der Niemhonig von Bienen, die fast ausschließlich an Niemblüten Pollen und Nektar sammeln, ist eine besondere Spezialität.

Nach der Blüte des Niembaums bilden sich die kleinen Niemfrüchte, die ähnlich wie die Blätter auf kurzen Stielchen an einem Zweig hängen und zunächst auch ähnlich gefärbt sind. Die Früchte wachsen zur Größe von Oliven heran und unterscheiden sich auch in der Form kaum von ihnen. Im reifen Zustand werden sie aber gelblich und weich, dann können die Früchte geerntet werden. Nach einiger Zeit fallen sie von alleine vom Baum.

Die Früchte besitzen ein gutschmeckendes, süßsaures Fruchtfleisch, das sich leider nicht leicht, sondern nur in absolut reifem Zustand vom Kern lösen läßt. Sie lassen sich also nicht immer wie Kirschen essen, indem man einfach den Kern ausspuckt. Wenn man beim Essen der Früchte auf diesen Kern beißt, ist es leider mit dem Fruchtgenuß vorbei: Die Kerne schmekken so bitter, daß selbst die bitterste Arznei dagegen noch wohlschmeckend erscheint – wobei aber auch die Samen keineswegs giftig sind (vgl. Seite 69 ff.). Nur geübten Menschen

Die olivenähnlichen Niemfrüchte sind zunächst hellgrün wie die Blätter. Das Fruchtfleisch der älteren, gelben Früchte läßt sich nur in absolut reifem Zustand vom Kern lösen.

gelingt es, eine solche Frucht mit uneingeschränktem Genuß zu essen. Die meisten spukken sie im hohen Bogen aus.

■ *Schnell emporgeschossen*

Niembäume wachsen schnell und entwickeln sich zu stattlicher Größe: Sie werden im Freiland bis zu 30 Meter hoch und ihre Krone kann 20 Meter weit ausladen. Der Stammumfang liegt dann bei ca. 2,5 Metern. Die Pfahlwurzeln dieser Bäume dringen tief ins Erdreich ein. Unter günstigen Bedingungen vermehren sich die Bäume auch über Wurzelsprosse.

Die Bäume können Temperaturen von über 50 Grad Celsius im Schatten ertragen und wachsen in Äquatornähe bis in einer Höhe von 1000 Metern. Bei einem durchschnittlichen Niederschlag von 400 bis 1200 Millimetern pro Jahr fühlen sie sich am wohlsten. Niembäume gedeihen selbst auf kargen, sandigen Böden. Da die herabfallenden Blätter mit ihrem leicht basischen pH-Wert von 8,2 den Boden neutralisieren, können sie sogar auf sauren Böden existieren.

Niembäume können recht alt werden: So gibt es viele, die mehr als 100 Jahre alt sind. Zu den Raritäten zählen allerdings solche, die bereits das zweite Jahrhundert überschritten haben.

Obwohl der Niembaum seine ersten Früchte bereits nach drei bis fünf Jahren trägt, erreicht er erst mit etwa zehn Jahren seine maximale Fruchtausbeute. Dann produziert er bis zu 50 Kilogramm, in Extremfällen bis zu 150 Kilogramm Früchte im Jahr. Der durchschnittliche Ertrag liegt aber bei 20 bis 30 Kilogramm, je nach Alter der Bäume.

Für einen Hektar Land benötigt ein Bauer für einen wirkungsvollen Pflanzenschutz mit Niem etwa 100 Kilogramm Früchte, die ungefähr zehn Kilogramm Samenkernen entsprechen. Da die Niemspritzungen aber je nach Schädlingsbefall alle zwei bis vier Wochen wiederholt werden sollten, reicht der Ertrag eines Baumes pro Jahr für einen Hektar nicht ganz aus. Man sollte also mindestens vier bis fünf Niembäume zur Verfügung haben.

Da Niembäume keineswegs auf Plantagen wachsen müssen, nehmen sie dem Landwirt, der Niemfrüchte bzw. -samen für den Eigenbedarf gewinnen will, kaum Anbaufläche weg. Er kann seine Feldränder, die Wege und den Hof begrünen und erhält so genügend Niemsamen für den Pflanzenschutz und die emporgeschossen" medizinische Anwendung. Für den kommerziellen Vertrieb von Niemprodukten muß Niem natürlich auf Plantagen angebaut werden. Die Rechnung für den Niemanbau geht meist auf, da die Niemprodukte in der Regel gut bezahlt werden.

Der Riesenniem (*Azadirachta excelsa*) übertrifft alle anderen Niemarten – nicht nur in der Höhe des Baums und der Größe der Früchte, sondern auch in der Wirkung seiner Inhaltsstoffe.

■ *Niem ist nicht gleich Niem*

Obwohl Niembäume nur in den heißen Ländern unserer Erde gedeihen, wachsen die einzelnen Bäume dennoch unter recht unterschiedlichen Bedingungen. Während sie in den Wüstenregionen ganzjährig kaum einen Tropfen Regen abbekommen, erleben Niembäume in bestimmten Teilen Indiens regelmäßig den regenreichen Monsun. Auch die Temperaturen, Sonnenscheindauer, der Wechsel von Licht und Dunkelheit, die Bodenbeschaffenheit und die Höhenlage unterscheiden sich in den einzelnen Lebensräumen der Bäume. Dies ist auch ein Grund dafür, daß die Niemwirkstoffe in ihrer Zusammensetzung je nach Herkunft der Pflanze beträchtlich voneinander abweichen, obwohl die Bäume in ihrem Äußeren keine großen Unterschiede zeigen.

Niembäume unterscheiden sich noch in einem zweiten Punkt: Wissenschaftliche Untersuchungen zeigten, daß sie genetisch keineswegs gleich sind. Ein venezolanischer, ein sudanesischer und ein indischer Niembaum müssen also nicht unbedingt identische Erbanlagen besitzen, obwohl sie alle derselben Pflanzenart angehören. Die unterschiedliche Ausprägung der Gene schlägt sich auch in der Zusammensetzung der Niemwirkstoffe nieder. Einige Niembäume eignen sich infolgedessen besser für medizinische Anwendungen, andere sind gerade in puncto Pflanzenschutz besonders geeignet.

Auch der Geruch der Samen, des Öls und der Blätter schwankt je nach der genetischen Variation. In den vergangenen Jahren haben sich Wissenschaftler ganz bewußt auf die Suche nach besonders wirksamen Niembäumen und Niemarten gemacht und wurden auch fündig. So gibt es auf den Philippinen den sogenannten »Superniem« oder Riesenniem (*Azadirachta excelsa*), der alle bisher bekannten Niemarten in seiner Höhe, der Größe der Früchte und der Wirkung ihrer Inhaltsstoffe in den Schatten stellt. Von diesem fantastischen Baum existierten nur noch etwa zehn Exemplare, die zum Teil über 50 (!) Meter hoch waren. In Thailand wird er heute wieder verstärkt angepflanzt.

Doch auch die wirkstoffärmeren Niembäume zeigen ihre Wirkung. Alle Niembäume sind dazu geeignet, verstepptes und vertrocknetes Land zu rekultivieren, und prinzipiell kann jeder Niembaum für menschliche Zwecke nutzbar gemacht werden, manche Form eben ein bißchen besser als eine andere.

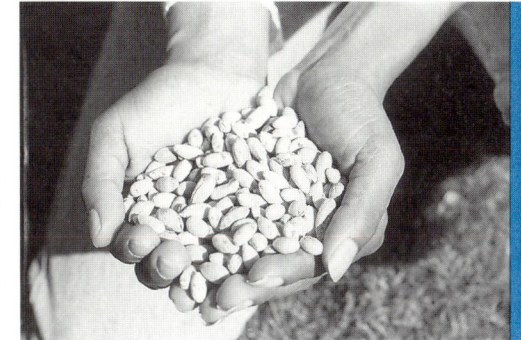

Die Niemsamen enthalten ca. 40 verschiedene Wirkstoffe und viel Pflanzenöl, das am besten durch ein schonendes Kaltpreßverfahren gewonnen wird.

■ *Samen – Kerne – Öl*

Der Kern ist von einer Samenschale umgeben, unter der sich manchmal sogar zwei oder drei Kerne finden. Die Samen enthalten viel Pflanzenöl und ca. 40 verschiedene Wirkstoffe. Das Niemöl kann durch kaltes Pressen oder durch eine Extraktion mit Hexan, einem organischen Lösungsmittel, aus den Samen gewonnen werden.

Das Pressen der Niemsamen ist das schonendere Verfahren und ergibt ein hochwertiges Öl. Die Hexanextraktion liefert höhere Erträge, allerdings enthält das Öl dann mehr Rückstände und hat damit eine deutlich schlechtere Qualität. Dieses Öl sollte ausschließlich für den technischen Bereich genutzt werden.

Niemöl ist übrigens bei Zimmertemperatur

fest und streichfähig wie Margarine. Bei ca. 23 Grad Celsius schmilzt das Öl und bildet eine gelbliche, leicht grünstichige, manchmal auch braune Flüssigkeit. Niemöl hat einen Geruch, der irgendwo zwischen Erdnuß und Knoblauch liegt. Dies ist nicht nach jedermanns Geschmack, allerdings kann der Geruch durch Zusatz von Alkohol entfernt werden.

Die Wirkstoffe der Niemsamen sind bereits in Wasser, besser jedoch in Alkohol oder anderen organischen Lösungsmitteln löslich. Für den Bauern oder Kleingärtner empfiehlt sich die wäßrige Lösung, die jeder einzelne ohne große Mühen selber herstellen kann (vgl. Seite 57). Für die industrielle Nutzung bieten sich jedoch andere Lösungsmittel an, die die Niemwirkstoffe stabilisieren und so die Lagerung des Pflanzenschutzmittels über längere Zeit ermöglichen.

Vor der Verarbeitung der Niemsamen muß in jedem Fall das Fruchtfleisch von den Kernen, meist durch Reiben oder Waschen, entfernt werden. Danach werden die Samen getrocknet. Das klingt zwar einfach, ist in der Praxis jedoch äußerst kompliziert: Die Samen können nicht einfach in Säcken oder Eimern getrocknet werden, sondern müssen in dünner Schicht auf einer Unterlage ausgebreitet werden. Da die Niemwirkstoffe lichtempfindlich sind, dürfen die Samen nicht in der Sonne, sondern nur unter einem Schattendach getrocknet werden.

In Ländern wie Indien ist dieser Prozeß während der Monsunmonate extrem schwierig. Sind die Niemsamen nicht völlig trocken, so verpilzen sie sehr leicht. Dies verdirbt nicht nur die Wirkstoffe für den Pflanzenschutz, sondern stellt gleichzeitig eine sehr ernste Gefahr für den Menschen dar, denn verpilzte Niemsamen enthalten krebserregende Stoffe und andere Gifte (Mykotoxine). In Indien bekommen oft schon sehr kleine Kinder Niemöl sozusagen als Allheilmittel eingeflößt. Wenn verpilzte Niemsamen zur Gewinnung des Öls verwendet wurden, können nach dieser »Medizin« schwere Leber- und Hirnschäden auftreten, an denen einige Kleinkinder sogar schon gestorben sind.

Niemsamen dienen prinzipiell natürlich auch zur Aussaat neuer Pflanzen. Unter normalen Bedingungen verlieren die Niemsamen sehr schnell, das heißt binnen weniger Wochen, ihre Keimfähigkeit. Nur unter speziellen Lagerbedingungen, bei Dunkelheit und kühlen Temperaturen kann der Niemsamen unter Umständen sogar über Jahre hinweg seine Keimfähigkeit erhalten.

■ *Vielseitiges Niemholz*

Niembäume liefern ein ausgezeichnetes Bauholz. Die Stämme sind gerade, und Astlöcher sind im unteren Bereich kaum zu finden. Niemholz kann auch zu Kleinmöbeln, zum Beispiel zu Kommoden, verarbeitet werden. Da auch hier noch viele seiner Wirkstoffe mit schädlingsbekämpfenden Eigenschaften enthalten sind, trotzt es weitgehend dem Befall von Termiten und Holzwürmern. Alle fünf bis sieben Jahre können Niembäume für den Holzgewinn geschlagen werden.

Allerdings endet das hochwertige Holz keineswegs immer als Bauholz, sondern es wird auch oft verfeuert. Der Mangel an Feuerholz ist für viele Menschen am Rande der Sahara das vorherrschende Problem. Durch das Sammeln von Feuerholz wird die Vegetation in diesen Breiten meist nachhaltig geschädigt. Der Niembaum kann hier aber als »rotierender« Feuerholzlieferant wirken: Abgeschlagene Niembäume werden innerhalb von fünf bis sieben Jahren durch neue ersetzt. So gelang es, in Nigeria 169 Quadratmeter und in Ghana etwa 120 Quadratmeter Holz pro Hektar innerhalb dieser Zeitspanne zu gewinnen.

Ein totaler Kahlschlag sollte jedoch auch beim Niembaum vermieden werden. Da die Niemsamen lichtempfindlich sind, verlieren sie auf den nackten Böden sehr schnell ihre Keimfähigkeit, so daß sich auf der kahlgeschlagenen Fläche von allein kein neuer Niemwald entwickelt. In diesem Fall werden eine gezielte Aufzucht und Bewässerung notwendig.

■ *Der eigene Niembaum*

Nach Deutschland importierte Niemsamen keimen in der Regel nicht aus, weil sie bereits zu alt sind, wenn sie ankommen. Darüber hinaus gibt es in unseren Breiten natürlich noch die klimatischen Probleme. Ein frischer Samen kann zwar auf unserer Fensterbank auskeimen, doch gehorcht er als Exote scheinbar seinen eigenen Gesetzen. Nachdem ich selber von meiner Reise zum Niemprojekt in Venezuela zurückgekehrt war, hatte ich die Taschen voller frischer, keimfähiger Niemsamen. Freunde, Bekannte, Kollegen, jeder der es wollte, bekam von mir Niemsamen für die eigene Anzucht eines Niembäumchens geschenkt. Einige Samen keimten binnen zwei Wochen, andere ließen Monate auf sich warten. Danach

Mit etwas Glück kann man sowohl aus keimfähigen Samen als auch durch einen Ableger einen eigenen Niembaum heranziehen. Seine ausgeprägte Baumform und die typischen Blattfiedern machen ihn zu einem Schmuckstück für die Fensterbank oder den Wintergarten.

wuchsen die meisten Keimlinge nicht mehr weiter.

In unserem Winter war vermutlich die Tageslichtdauer und -intensität für die Exoten zu kurz bzw. zu gering. Nur bei wenigen Bekannten wuchs der Keimling überhaupt zu einem kleinen Pflänzchen heran, und mein eigener, den ich bereits in dieser Größe geschenkt bekam, ist bislang über eine Höhe von einem Meter nicht hinaus gekommen. Lediglich eine Kollegin hatte unerwarteten Erfolg: Sie berichtete bereits nach sechs Wochen von einer 25 Zentimeter hohen Pflanze und fragte mich ängstlich, wie groß der Baum denn wohl noch würde. Vermutlich haben extrem günstige Licht- und Temperaturverhältnisse das Wachstum dieser Pflanze begünstigt.

Keimfähige Niemsamen können nur vom Importeur (vgl. Bezugsquellen) direkt bezogen werden. Er garantiert die Keimfähigkeit über etwa fünf Monate, wenn die Samen im Gemüsefach des Kühlschranks gelagert werden. Keimfähige Niemsamen sind sehr viel teurer als die sonst erhältlichen Kerne, da für den raschen Transport, die Lagerung und die schnelle Auslieferung ein größerer organisatorischer Aufwand notwendig ist.

Niembäume können noch über einen anderen Weg vermehrt werden: Fast jeder von uns hat schon mal den Ableger einer Pflanze verschenkt oder selbst bekommen. Es handelt sich dabei meist um ein kleines Zweiglein, das zunächst in Wasser gestellt werden muß. Schon bald treiben dann die ersten Wurzeln aus, und die Pflanze kann eingetopft werden.

Prinzipiell besteht diese Möglichkeit auch für den Niembaum, allerdings werden wir in Deutschland kaum jemanden finden, der einen Niembaum besitzt und einen Ableger davon abtreten könnte. Lediglich in den Gewächshäusern der deutschen Niemforscher und einigen botanischen Gärten sind bisher Niembäume anzutreffen. Autorin und Verlag wollen sich jedoch bemühen, daß der Niembaum auch bald in Deutschland angeboten werden kann.

Da die Niemsetzlinge extrem transportempfindlich sind, scheint die Anzucht der Bäume aus Samen oder Ablegern in Gewächshäusern die erfolgversprechendste Methode zu sein. Mitarbeiter an der Universität Gießen züchten Niembäume seit Jahren in institutseigenen Gewächshäusern. Da in dieser Hochschule sozusagen die Hochburg der deutschen, wenn nicht sogar der internationalen Niemforschung liegt, verfügt man hier auch über sehr viele praktische Detailkenntnisse.

Die Mitarbeiter wollen ihr Know-how hier einsetzen, um im großen Maßstab Niembäume anzuzüchten. Wenn alles klappt, dürften deshalb ab dem Frühjahr 1997 kleine Niembäume in den im Bezugsquellenverzeichnis genannten Läden erhältlich sein. Bereits heute besteht eine große Nachfrage nach Niembäumen. Ihr bizarres Laub und die schon bei kleinen Pflanzen ausgeprägte Baumform lassen den Niem zu einem Schmuckstück auf jeder Fensterbank werden.

Baum mit Eigenleben

Über Niembäume auf der Fensterbank gibt es übrigens keine Altersangaben. Ich selbst besitze einen etwa einen Meter hohen Baum, der natürlich unter den »häuslichen« Bedingungen nur langsam wächst. Der sonst so anspruchslose Baum ist in der guten Stube überdies mehr als anspruchsvoll: Er will regelmäßig gegossen werden, reagiert jedoch auf zuviel Wasser extrem sensibel. Ein Fußbad beantwortete mein Baum, indem er sämtliche Blätter fallen ließ. Erstaunlicherweise schlug der nun völlig kahle Baum nach einer Woche wieder aus. Binnen sechs Wochen hatte er wieder genauso viele Blätter wie zuvor.

Nach einem halben Jahr begann er dann erneut zu kümmern. Der Teppich lag voller Niemblätter und ich wurde ziemlich besorgt, da ich keinen Grund für diesen neuen Blätterfall sah. Die Situation war noch aus einem zweiten Grund besonders unangenehm: Die Aufzeichnung der Frühjahrs-Hobbythek »Garten und Balkonien« zum Thema Pflanzenschutz stand unmittelbar vor der Tür – und als »Gaststar« im Studio war mein Niembaum vorgesehen. Mit einem kahlen Baum hätten Jean Pütz und ich die Zuschauer wohl kaum beeindrucken können. Doch fast, als hätte der Baum meine laut (!) geäußerten Befürchtungen verstanden, ließ er fortan kein einziges Blatt mehr fallen. Von seiner Seite bestanden für die Aufzeichnung der Hobbythek also keinerlei Probleme mehr. Er »spielte« seine Rolle sehr gut und tolerierte sogar die manchmal recht rüde Behandlung in dem Fernsehstudio.

Zur Zeit ist mein Niembaum wieder ein wenig empfindlich. Hin und wieder verliert er ein Blatt, fast als wolle er wie ein überkandidelter Filmstar auf sich aufmerksam machen und auf diese Weise besonders gute Pflege einfordern. Meinen Freunden gegenüber äußere ich gerne, daß mein Niembaum sein »Guten-Morgen-Küßchen« braucht, aber das sind natürlich Fantasien einer Journalistin, die sich schon (zu?) lange und intensiv mit Niembäumen beschäftigt.

■ *Niem, Neem, Nim?*

Die Wissenschaftler auf der ganzen Welt haben die merkwürdige Angewohnheit, die Lebewesen unseres Planeten keineswegs nach den jeweils landesüblichen Namen zu benennen. Sie verwenden eine »internationale« lateinische Bezeichnung, die jeweils aus einem Gattungs- und einem Artnamen besteht. Der wissenschaftliche Name für den Niembaum lautet *Azadirachta indica*. *Azadirachta* deutet dabei auf die Zugehörigkeit zu den Azadirachtin-haltigen Pflanzen, den Hauptwirkstoff des Niembaums hin; *indica* bezeichnet die ursprüngliche Herkunft des Baumes, sprich: Indien. Die Pflanze ist damit eindeutig gekennzeichnet.

Obwohl in keinem Land der Erde heute noch lateinisch gesprochen wird, macht diese etwas unbequeme Wissenschaftlersprache durchaus Sinn, denn egal in welchem Land der Erde sich Wissenschaftler miteinander unterhalten – alle Beteiligten wissen genau, von welcher Pflanze, welchem Tier oder Bakterium gerade die Rede ist.

Doch scheinen in der Vergangenheit Forscher bei mancher Namengebung unabhängig voneinander gearbeitet zu haben, denn es existieren noch weitere, aber heute ungültige lateinische Namen für den Niembaum: *Melia indica* und *Melia azadirachta* zum Beispiel sind alte botanische Namen, die insbesondere in älteren Werken noch vorkommen.

Im Deutschen finden wir die Schreibweisen »Niem«, »Nim« und »Neem«. Eigentlich ist »Neem« die englische oder amerikanische Schreibweise, während »Niem« der deutschen Aussprache entspricht. Übrigens zeigen einige deutsche Produkte auch die in anderen Ländern nicht übliche Bezeichnung »Nem«, die vermutlich auf einer Verkürzung der englischen Schreibweise beruht. Im spanischen Sprachraum wird das schlichte »Nim« benutzt.

Diese Bezeichnungen klingen immerhin sprachlich noch miteinander verwandt. Dagegen haben beispielsweise das indische »vilac« oder das malaiische »veppa« mit dem Wortstamm »Niem« nichts mehr gemein.

Bei diesem Durcheinander erscheint ein wissenschaftlicher Name in lateinischer Sprache durchaus angebracht. Im Alltag brauchen wir ihn zwar nicht zu benutzen, doch für internationale wissenschaftliche Kontakte und auch für Handelsbeziehungen ist dies durchaus sinnvoll. Der Name *Azadirachta indica* bürgt für echte Niemprodukte, während sich hinter den Populärnamen durchaus auch mal etwas anderes verbergen könnte.

Internationale Niem-Bezeichnungen

Niem	deutsch
neem	englisch, amerikanisch
nim	spanisch
neem, nimb	hindi
nimmi	sindi
nimba, nimbou	sanskrit
arishta	sanskrit
nib	farsi
azad darakht i hindi	farsi
azadira d'Inde	französisch
azadirac, azadira	französisch
margousier	französisch
margosa	portugiesisch
vilac	indisch
tamar, tamarkha	burmesisch
veppa	malaiisch
vembu, veppan	tamilisch
kohomba	sri-lankesisch
mindi	indonesisch
dongoyaro	nigerianisch
mwarubaini	kiswahili

Und in der Wüste wächst doch ein Baum

Für die Menschen in extrem heißen Regionen unserer Erde spielt der Niembaum vor allem bei der Rekultivierung versteppter Gebiete eine herausragende Rolle. Es gibt wohl kaum eine Pflanze, die so hitzetolerant und genügsam ist wie der tropische Niembaum. Mit seinen tiefgehenden Wurzeln ist er in der Lage, die erosionsgefährdete Erde gut zu verdichten und dadurch festzuhalten.

Nackte Böden stellen für die Menschen fast immer eine Bedrohung dar: Wind und Regen können die fruchtbare Erde auswaschen, und zurück bleiben zerklüftete, sandige Böden, die je nach Lage nur kaum oder gar keinen Anbau von Nahrungspflanzen mehr zulassen. Ein Problem bei der Rodung der tropischen Regenwälder ist nicht nur der Verlust der jahrtausendealten Vegetation und der oft einmaligen Pflanzen- und Tierarten, sondern auch der

Verlust der wertvollen Nährstoffe, der Fruchtbarkeit dieser Böden.

Nach einer Rodung ist zunächst noch eine dünne fruchtbare Erdkrume vorhanden, die in der Regel landwirtschaftlich genutzt wird. Die Ackerpflanzen benötigen jedoch viele Nährstoffe und laugen den Boden aus, der für eine intensive landwirtschaftliche Nutzung nicht gerüstet ist. Zurück bleiben unfruchtbare Flächen, die nun offen liegen und Wind und Wetter preisgegeben sind.

Auf solchen Böden können die ursprünglichen Pflanzen des Regenwaldes nicht mehr ohne weiteres Fuß fassen. Zunächst muß das Land wieder rekultiviert werden, das heißt der Boden muß mit Hilfe von Pflanzenbewuchs festgehalten und mit Nährstoffen angereichert werden. Der Niembaum kann in solchen Situationen die Rolle einer Pionierpflanze übernehmen. Da der Baum extrem schnell wächst, spendet er in der sengenden Hitze schnell Schatten, in dem sich weitere Pflanzen ansiedeln können.

Leider wird der Niembaum noch nicht zur Rekultivierung der versteppten Gebiete in den Regenwäldern eingesetzt. Dort fährt man mit der Abholzung munter weiter fort, da die Wälder noch schier unbegrenzt erscheinen. Die Bauern können sich immer neue, frisch gerodete Gebiete suchen, wenn die Erträge auf den bebauten Feldern nachlassen.

In anderen Landstrichen auf unserer Erde sind neue Anbaugebiete nicht so »einfach« zu erschließen: Die Sahara breitet sich sowohl in Richtung Norden als auch in Richtung Süden aus. Hungerkatastrophen und zunehmende Armut sind die Folge dieser fortschreitenden Versteppung und Verwüstung. Hinzu kommt, daß die Menschen hier in Ermangelung anderer Brennstoffe die wenigen Pionierpflanzen abhacken, um wenigstens Feuer zum Kochen zu haben.

In solchen Wüstengebieten kommt der Niembaum bereits zum Einsatz. Oft sind es Entwicklungshilfeprojekte, die die Bepflanzung mit Niembäumen initiieren. In Deutschland sind es zum Beispiel die GTZ, die Gesellschaft für Technische Zusammenarbeit, und die FDP-nahe Friedrich-Naumann-Stiftung, die solche Projekte unterstützen oder planen. International beschäftigt sich die UNIDO und UNEP, Entwicklungshilfe- bzw. Umweltorganisationen der UNO, mit Niem und seinem Einsatz in der Entwicklungshilfe.

Sind die Niembäume einmal gepflanzt, so ist bereits eine echte Starthilfe gegeben: Sie lassen in vielen Bereichen wieder Landwirtschaft zu, und Feuerholz braucht nicht mehr willkürlich gesammelt zu werden, sondern wird gezielt von den schnellwachsenden Bäumen gewonnen.

Erstaunlicherweise ist der Einsatz von Niem zur Schädlingsbekämpfung in einigen Ländern, in denen er natürlicherweise vorkommt, nicht bekannt. In manchen südostasiatischen Ländern werden chemisch-synthetische Insektizide in großem Umfang eingesetzt, obwohl hier ausreichend Niembäume zur Verfügung stehen. Obgleich die Menschen den Baum seit Jahrhunderten kennen und seine medizinische Wirkung nutzen, ist ihnen die Anwendung für den Pflanzenschutz völlig neu.

Das mag auf den ersten Blick erstaunen, doch die Niemforschung im Bereich der Schädlingsbekämpfung begann gerade mal vor 40 Jahren. 1959 beobachtete Heinrich Schmutterer im Sudan ein erstaunliches Phänomen: Ein einfallender Heuschreckenschwarm hatte sämtliche grüne Vegetation aufgefressen. In der nun kahlen Landschaft standen jedoch einige Bäume im vollen Laub, völlig unversehrt. Es handelte

Schon nach vier Jahren ist das Niemprojekt der Kooperative El Buchal ein Erfolg: Der Niembaum ermöglicht es, erosionsgeschädigte Böden landwirtschaftlich wieder nutzbar zu machen.

sich – natürlich – um Niembäume. Heinrich Schmutterer mag in diesem Moment bereits erahnt haben, welch ungeheure Möglichkeiten dieser Baum für den Pflanzenschutz eröffnen könnte. Dieses Erlebnis war praktisch die Geburtsstunde der Forschung über Niem als Bioinsektizid.

In den vergangenen 40 Jahren haben Wissenschaftler in der ganzen Welt gemeinsam ein ungeheures Wissen in diesem Teilbereich angesammelt. Tausende von wissenschaftlichen Publikationen dokumentieren die umfangreichen Forschungsarbeiten, die heute keineswegs abgeschlossen sind, sondern sich sogar noch ständig ausweiten. Da die wissenschaftliche Arbeit vor allem in Deutschland, in den USA und anderen Industrienationen angesiedelt ist, kennt insbesondere die ländliche Bevölkerung

in den Entwicklungsländern diese Ergebnisse nicht. Ziel einiger Projekte ist es deshalb, dieses Wissen in die Ursprungsländer des Niems zu bringen, um die Menschen dort zu ermuntern, die wertvollen Bäume nicht nur als Holz- und Schattenlieferant und für die medizinische Anwendung, sondern auch für den Pflanzenschutz zu nutzen.

■ *Beispiel: Venezuela*

Ich selbst habe im Norden Venezuelas, in der Gemeinde Dabajuro, ein Niemprojekt der Friedrich-Naumann-Stiftung besucht. Zur Zeit meines Besuchs lief das Unternehmen erst knapp vier Jahre, konnte aber bereits beeindruckende Erfolge vorweisen. Obwohl der Norden Venezuelas schon immer eine extrem heiße Zone war, konnte hier in den letzten Jahren wieder erfolgreich Landwirtschaft betrieben werden. Ein kurzer Rückblick in die Geschichte Venezuelas zeigt, wie es dazu kam.

Erdöl – nur ein kurzes Glück

In den 70er Jahren gab es in Venezuela einen Ölboom, das Erdöl wurde in großen Mengen gefördert. Die Landbevölkerung verließ ihre

Felder und zog in die großen Städte, denn mit der Arbeit bei Ölraffinerien und im ölabhängigen Gewerbe ließ sich schneller und vor allen Dingen mehr Geld verdienen als mit dem traditionellen Ackerbau. Die Millionenstädte wie Caracas wurden für die Menschen reizvolle Metropolen. Das Leben in Venezuela verlagerte sich also in dieser Zeit zunehmend vom Land in die großen Städte.

Mißwirtschaft und eine unüberschaubare Politik brachten dem Land zunächst den Ausschluß aus der OPEC, der Gemeinschaft ölfördernder Staaten. Venezuela konnte sich danach auch keiner anderen Organisation von erdölfördernden Ländern anschließen, und die Ölpreise purzelten daraufhin unaufhaltsam in den Keller. Gleichzeitig nahmen unglücklicherweise die Erdölvorkommen ab. Zwar wird in Venezuela heute immer noch Öl gefördert, doch die Produktion ist auf einen Bruchteil der ursprünglichen Erdölförderung zusammengeschrumpft.

Die Menschen, die auf das Öl gesetzt hatten, verloren zum Großteil ihre Arbeitsplätze. Heute leben deshalb viele von ihnen in den Bareras, den Elendsvierteln, die rund um Großstädte wie Caracas entstanden sind. Diebstähle und Raubüberfälle gehören zum alltäglichen Leben in diesen Slums, weil die Bewohner ihr Überleben kaum anders sichern können. Zurück aufs Land können die Menschen nicht mehr gehen, denn die brachliegenden Äcker sind inzwischen völlig versteppt.

Obwohl es beispielsweise im Bundesstaat Falcón im Norden Venezuelas durchaus hin und wieder regnet, kann der Boden heute die herabfallenden Wassermassen nicht mehr aufnehmen. Der Hydrologe Professor Saulo Olavarrieta von der Universität in Barquisimeto untersuchte dieses Phänomen und fand heraus, daß es wegen der fehlenden Vegetation an Süßwasser mangelt.

An der Küste gibt es im Jahr nur 200 bis 250 Millimeter Niederschlag. Am Gebirgsrand im Landesinneren dieser Region fallen zwar jährlich im Durchschnitt immerhin etwa 900 Millimeter Regen, die tatsächlich jedoch nur in ganz bestimmten Gebieten in Form von sehr starken Regengüssen niedergehen. Das Wasser sickert aber nicht in den verdorrten Boden ein, sondern fließt oberflächlich von den höher gelegenen Gebieten einfach ins Meer ab und ist damit verloren.

Darüber hinaus besteht die Gefahr der Versalzung: Die Ausnutzung von tiefen Brunnen bei den Ackerflächen hat den Grundwasserspiegel abgesenkt. Deshalb ist an einigen Stellen bereits Meerwasser nachgeflossen, das den Boden in diesen Bereichen aufgrund der hohen Salzkonzentration unfruchtbar macht.

Retter in der Not

Der Niembaum kann zwar nichts gegen die Versalzung des Bodens ausrichten, allerdings kann er auf den extrem trockenen, erosionsgeschädigten Böden wachsen. An diesem Punkt setzt das Konzept des Niemprojekts der Friedrich-Naumann-Stiftung an, das vor knapp vier Jahren gegründet wurde und in Zusammenarbeit mit der Kooperative El Buchal in Dabajuro läuft.

Wer die Finca, das Landgut, heute besucht, der trifft auf ca. 11 000 Niembäume. Gäste sind hier gerne gesehen, denn die Betreiber des Projekts sind zu Recht stolz auf ihre Arbeit: Die Bäume gedeihen gut, und die Samen und die Blätter werden bereits verarbeitet.

Der Erkundungsmarsch über die Finca dauert mehrere Stunden, währenddessen leichtes venezolanisches Bier als Erfrischung dient. Gegen Ende des Rundgangs erwartet den Besucher ein ganz besonderer Höhepunkt.

Zunächst war ich überrascht: Hier tragen die einzelnen Niembäume Namen. Vor jedem Baum steht ein Schild, und einige der Namen darauf sind mir keineswegs unbekannt. Hier haben Politiker, Mitarbeiter der Naumann-Stiftung und Niemforscher selbst Bäume gepflanzt – auch Professor Heinrich Schmutterer von der Universität Gießen. Er ist der wohl derzeit bedeutendste Niemforscher und hat fast sein gesamtes wissenschaftliches Leben der Erforschung des Niembaums gewidmet.

Und in diesen schon prominenten Kreis wurde nun auch ich aufgenommen. Ich entdeckte ein Loch im Boden, und ein Mitarbeiter der Kooperative drückte mir einen jungen Niembaum in die Hand. Es ist schon ein bewegendes Gefühl, selbst hier einmal einen Niembaum zu pflanzen, denn so bleiben sich Finca und Besucher in besonderer Erinnerung.

Das Projekt auf der Finca begann 1992 mit der Pflanzung von 6000 Bäumen. Die ursprüngliche Idee war, Schatten zu gewinnen und die Erosion zu stoppen, um unter den Bäumen dann irgendwann einmal wieder Landwirtschaft betreiben zu können. Inzwischen produzieren die Bäume so viele Früchte und damit Samen, daß jetzt daraus bereits Insektizide gewonnen werden. Auf der Finca werden die Samen getrocknet, mit einer handbetriebenen Mühle, die an einen überdimensionierten Fleischwolf erinnert, gemahlen und dann mit Wasser vermengt.

Dr. Bastian Kaiser, Mitarbeiter am Niemprojekt, ist promovierter Forstwirt. Ihn interessiert natürlich besonders die Qualität und das Aussehen des Holzes. Doch auch vor seinen kritischen Augen kann das Niemholz bestehen. Das helle Holz erinnert in Deutschland am ehesten an Ahorn, es ist sehr hart und hell und eignet sich insbesondere für den Bau von Möbeln.

Die etwa drei bis vier Meter hohen Bäume hier sind knapp ein Jahr alt. Die Wachstumsgeschwindigkeit der Bäume ist abhängig von der Qualität des Bodens. Zur Zeit untersucht der Forstwirt, welche Bedingungen für ein schnelles Wachstum der Bäume zur Holzgewinnung am besten geeignet sind. Einzelne Bäume werden nach verschiedenen Gesichtspunkten markiert und gezielt für die weitere Nachzucht ausgewählt.

Bastian Kaiser und seine Kollegen wollen herausfinden, inwiefern in den Erbanlagen dieser Nachkommen festgelegt ist, ob der Stamm

Die gerngesehenen Besucher auf der Finca, so auch Ellen Norten, dürfen mit einem selbstgepflanzten Niembaum am Erfolg der Kooperative teilnehmen.

gerade und astfrei wird. Einige Bäume machen den Eindruck, daß in fünf, sechs Jahren ihr Stamm von fünf bis sechs Metern Höhe wunderbares, astfreies Holz geben wird.

Für die Aufzucht der Bäume in dem extrem trockenen Klima auf sandigen Böden muß selbst der Niembaum zunächst bewässert werden. Allerdings reicht hier eine einfache Berie-

Innerhalb von vier Jahren sind aus den ursprünglich 6 000 angepflanzten Niembäumen mehr als 11 000 geworden – nicht zuletzt durch die Hilfe der Vögel, die nur das Fleisch der Früchte fressen und die Samen auf dem Boden verteilen.

selung aus. Nach einem einfachen System wird das Wasser über Schläuche aus einem nahegelegenen See gepumpt. Die Pumpe selbst wird über ein Windrad aus aufgeschnittenen Ölfässern betrieben, deren Planken riesige Schaufeln bilden, in denen sich der Wind fangen kann.

Innerhalb von vier Jahren sind aus den ursprünglich 6000 Niembäumen inzwischen ca. 11 000 geworden. Doch längst nicht alle Bäume wurden angepflanzt. Die Vögel, die sich auf der Finca eingefunden haben, helfen unfreiwillig bei der Verbreitung der Bäume mit: Sie fressen nämlich das süßsaure Fruchtfleisch der Niemfrüchte und lassen die Niemsamen auf den Boden fallen, wo sie dann auskeimen. Wilde Niembäume, also von Vögeln »gepflanzte«, erkennt man daran, daß sie nicht in Reih und Glied stehen, sondern planlos irgendwo wachsen.

Neben Vögeln fühlen sich natürlich noch andere Tiere auf der Finca wohl. So lugt aus dem Laub der Niembäume hin und wieder der Kopf eines Leguans hervor. Nur eine Tierart vermißt man hier auf den ersten Blick: Während nahezu überall in Falcón Ziegen umherstreifen – ihre Zahl wird auf mehrere Millionen geschätzt –, sind diese gefräßigen Tiere hier nicht zu sehen. Erst nach längerem Suchen findet man auch auf der Finca die unverzichtbaren Nutztiere. Die Haltung der Tiere wird im integrierten Ziegenprojekt der Kooperative wegen der Niembäume nur anders gelöst als im Rest des Landes.

Üblicherweise bauen die Leute im nördlichen Venezuela Zäune um ihre Häuser, um sich gegen die freilaufenden Ziegen zu schützen, weil sie wirklich alles kahlfressen. Wer nur eine einzige Blume vor dem Haus haben will, der muß einen Zaun bauen. Im Projekt ist es genau umgekehrt: Der Zaun sperrt die Ziegen hier nicht aus, sondern ein. Die Tiere können sich damit nicht mehr frei bewegen und also auch keinen Schaden anrichten. Auf der Finca, die fast 90 Hektar umfaßt, haben sie in ihren Gehe-

gen aber immer noch genug Platz, um sich satt-
fressen zu können.

Die Eingrenzung der Tiere bietet außerdem
die Möglichkeit, mehr über ihre Nahrungsan-
sprüche zu erfahren. Auch die Gesundheit der
Ziegen läßt sich so einfacher kontrollieren. Der
Erfolg der Einzäunung für das Niemprojekt
ist unzweifelhaft: Sicher würden viele Niembäume heute nicht im dichten Laub stehen,
wenn die Ziegen uneingeschränkt umherlaufen
könnten.

Niem für Ziegen

Flöhe, Läuse und Zecken bei Ziegen lassen
sich hervorragend mit Niemwirkstoffen
bekämpfen. Natürlich ist das bereits mit wäßriger Niemlösung möglich, doch Veronica
Seher, die Kosmetik- und Naturheilspeziali-
stin im Niemprojekt Venezuelas, entwickelte
aus ihren Erkenntnissen ein noch wirksame-
res Niemshampoo. Die Ziegen und natürlich
auch andere von sogenannten Ektoparasiten
befallene Nutztiere wurden mit dem Niemshampoo bereits erfolgreich behandelt. Dieser Erfolg schlägt sich inzwischen auch als
wirtschaftlicher Faktor nieder: Die Ziegen-
haltung ist gerade in heißen Gegenden wie

Die wichtigen, aber gefräßigen Ziegen der Kooperative werden in großen Gehegen gehalten, um die Niembäume vor ihrem Appetit zu schützen.

Falcón durch Hautparasiten stark bedroht,
so daß das Niemshampoo in der ganzen
Region willkommene Abhilfe schafft. (vgl.
Seite 84)

Die Ziegen profitieren gleich in doppelter
Hinsicht von den Niembäumen. Zwar finan-
ziert das Niemprojekt keine wissenschaftlichen Arbeiten, doch stießen 1993 drei Veteri-
närmediziner zur Kooperative, die Unterstützung für ihre Diplomarbeiten suchten. Den
jungen Wissenschaftlern wurde Niemsamen
zur Verfügung gestellt, um im Niem- und integrierten Ziegenprojekt eigene Versuche durch-
zuführen.

Die jungen Forscher fanden dabei heraus,
daß eine Niemlösung nicht nur gegen äußere
Parasiten wirksam ist, sondern daß sie gleichzeitig auch einer Reihe von inneren Schmarot-

zern, sogenannten Endoparasiten, das Leben schwer machen kann.

Hygiene und sanitäre Einrichtungen bei Nutztieren werden in Falcón traditionell sträflich vernachlässigt. Deshalb sind gerade die hauptsächlichen Nutztiere, Ziegen und Rinder, stark von parasitischen Einzellern und vor allem von Würmern befallen. Der Eiweißstoffwechsel ist gestört, weil sie auch bei guter Fütterung nicht mehr alle Nährstoffe verwerten können. Das Fell der Tiere wird dann stumpf oder fällt sogar aus.

Die meisten Schmarotzer finden sich im Darm der Tiere. Bis zu 16 Millionen (!) Wurmeier fanden die jungen Wissenschaftler in den Fäkalien eines einzigen Kalbes. Ein solch starker Parasitenbefall führt häufig sogar zum Tod des Tieres. Die Wirkung von wäßrigem Niemextrakt auf innere Schmarotzer war bis dahin kaum untersucht worden. Die jungen Forscher bewegen sich hier also auf völligem Neuland. Nachdem die Wirksamkeit der Niemlösung erwiesen ist, müssen sie nun die richtige Konzentration für die innere Anwendung, sprich: die entsprechende Dosis für eine Wurmkur, herausfinden.

Einer der jungen Forscher ist Miguel Delmo-ral von der Universität in Coro, der berichtete: »Wir haben bei den Tieren erst eine Minimaldosis eingesetzt, doch waren wir dann sehr enttäuscht zu beobachten, daß bei diesen sehr geringen Gaben zunächst die Schmarotzerrate sogar anstieg. Wir waren sogar drauf und dran, diesen Arbeitsbereich ganz aufzugeben. Aber dann haben wir die Dosis schrittweise erhöht und sind zu einem Punkt gekommen, wo sich gute Erfolge zeigten.«

Die Experimente ergaben, daß der Fadenwurmbefall durch Niem deutlich gesenkt werden kann. Ziegen sprachen auf die Behandlung deutlich besser an als Rinder, obwohl beide Tierarten von verwandten Fadenwürmern befallen waren. »Welche Nieminhaltsstoffe dies im einzelnen bewirken, sollen weitergehende Untersuchungen zeigen«, erklärte Miguel Delmoral begeistert weiter.

»Wir müssen in jedem Fall weiterforschen, denn wir haben ganz alleine gearbeitet, ohne zusätzliche wissenschaftliche Unterstützung von unserer Universität in Coro. Außerdem haben wir den ersten Teil unserer Studie in der Sommerzeit abgeschlossen. Wir wissen also nicht, in welcher Form das Klima dieser Trockenzeit Einfluß auf unsere Ergebnisse genommen hat. Wir müssen also im hiesigen soge-nannten Winter, also in der Regenzeit, ähnliche Studien durchführen und dann diese Ergeb-nisse mit denen vom Sommer vergleichen.«

Kinderspiel im Schatten der Niembäume

Die Begeisterung für den tropischen Niem-baum teilen keineswegs nur die Forscher oder die eng am Projekt mitarbeitenden Menschen, sie hat sich längst auch außerhalb der Finca breit gemacht. Überall in Dabajuro finden sich Niembäume: Die Taxifahrer parken ihre Fahr-zeuge in ihrem Schatten und warten auf einer Bank auf die nächste Kundschaft. Die Plaza Bolivar, der zentrale Treffpunkt im Ort, wird begrünt von Niembäumen, und auch vor den einzelnen Wohnhäusern wachsen die Bäume zu stattlicher Größe heran.

Dabajuro, der Ort in der Wüste, ist wieder ergrünt. Die Kooperative El Buchal ist daran nicht ganz unbeteiligt: Niembäume werden in allen Wohnvierteln gepflanzt, wo die Niemidee bei den Menschen auf fruchtbaren Boden fällt. Kosten entstehen dabei für die Menschen nicht, denn die Kooperative stiftet die Bäume.

Jeder Bewohner in Dabajuro kann also Nutznießer des Niemprojekts werden. Wer ein-

Die Begeisterung für den Niembaum teilen nicht nur die Forscher: Überall in Dabajuro genießen die Menschen den erholsamen Schatten der schnell wachsenden Bäume.

mal die Vorzüge des Niembaums kennen-gelernt hat, so spekulieren die Betreiber, wird sensibilisiert für den Umweltschutz und zum überzeugten Niembefürworter. Auch die Kinder lernen den Niembaum schon ken-nen und schätzen. Bunte Bilder an den Wän-den, Pflanzen und eben Niembäume dienen als Lehrmaterial und für Spiel und Spaß im Kinderhort.

Die Erzieherin Nelida Cuenca de Reyes, von den Kindern liebevoll Nelly genannt, berich-tet, wie die Kinder auf die Niembäume im Gar-ten reagieren: »Sie sind sehr froh darüber, im Schatten unter den Bäumen zu spielen. Oft sehen wir, daß sie sogar die Früchte essen, also das Fruchtfleisch geschickt vom Kern befreien können. Und die Kleinen, die Fünfjährigen, die hier schon die größeren sind, wissen inzwi-

Der »Commandante Nim« ist einer der vielen Menschen, die durch ihr Engagement für den Niembaum zum Erfolg der Kooperative El Buchal beitragen.

schen, daß der Niembaum verschiedene Anwendungsmöglichkeiten bietet, medizinische, heilende und viele andere. Sie haben auch selbst schon Bäume gepflanzt, und wir haben ihnen dabei geholfen.« Der fünfjährige Orlando präsentierte mir, der Besucherin, stolz »seinen« Baum hinter dem Kindergartengebäude.

Ganz konkret tragen die Niembäume allerdings auch zur Unterstützung des Kindergartens bei. Hier ist Geld knapp, und mit den Niemsamen und dem Verkauf von jungen Bäumchen läßt sich zumindest ein bescheidener Betrag erwirtschaften.

Engagiert berichtet Nelly weiter: »Das ist wirklich eine sehr wichtige Einnahmequelle für uns. Wir sind ja auf uns selbst gestellt, und indem wir diese Bäume pflanzen, die uns nicht nur Schatten spenden, können wir die Samen auch für verschiedene Anwendungen benutzen. Als Lehrer geben wir das Wissen über den Niem weiter und bringen der gesamten Gemeinschaft bei, wofür der Niembaum gut ist. Und wir haben eine Einnahmequelle, wir können sie verkaufen, und wir können unsere Gärten und die der Gemeinschaft bepflanzen.«

Die Idee vom Niem hat in dieser Stadt Venezuelas scheinbar die meisten Menschen »infiziert«. Und einigen hat die gemeinschaftliche Arbeit in der Kooperative sogar über private Probleme hinweggeholfen. Der ehemalige Polizist Clemente Artenga hatte lange Zeit große familiäre Probleme. Während dieser schweren Zeit hat ihm die Arbeit im Niemprojekt immer wieder Halt gegeben. Viele Teilnehmer am Projekt fühlen sich durch das Engagement des Koordinators angespornt. Für seine Kollegen ist Clemente Artenga schon lange »Commandante Nim«, und er läßt sich den Spitznamen gerne gefallen.

Erfolgsbeweis

Die ersten Erfolge des Projekts erfüllen die stets ehrenamtlichen Mitarbeiter der Kooperative mit Stolz. Viele Venezolaner hatten die

Kooperative zunächst belächelt, ja sogar verspottet. »In der Wüste wächst kein Baum«, hieß es von seiten der Spötter. Heute ist der Gegenbeweis längst angetreten: Die Erträge aus dem Niemanbau sind mittlerweile so groß, daß bereits der Export von Niemsamen ins Ausland geplant wird. Vielleicht werden Sie also schon bald neben den Samen aus der Dominikanischen Republik und indischen Erzeugnissen auch Niemsamen aus Venezuela finden können.

Das Niemprojekt in Dabajuro ist nur eines von vielen Niemprojekten auf der Erde. Meist sind Niemprojekte in Maßnahmen der Entwicklungshilfe eingebunden, denn gerade der Niembaum ermöglicht den Menschen in vielen Bereichen eine gesunde Hilfe zur Selbsthilfe. Gerhard Schnepel von der Friedrich-Naumann-Stiftung ist Mitinitiator und Mitbegründer des Projekts. Als alter Hase im Bereich der Entwicklungspolitik erklärt er, »daß es zentral wichtig dabei ist, daß diese wirtschaftlichen Aktivitäten nicht losgelöst von ökologischen Belangen geschehen. Es muß möglichst zu einer Verbindung von Ökologie und Ökonomie kommen. Gerade dafür bietet sich der Niembaum an«, betont Schnepel engagiert in unserem Gespräch:

»Der Baum ist nicht nur ökologisch hochinteressant als Quelle für natürliche Insektizide, sondern weist auch ökonomisch eine Perspektive auf, weil sich über die Vermarktung von Niembäumen aus den Baumschulen im Projekt Einnahmen erzielen lassen, die wichtig sind, um den Lebensstandard in diesen Orten zu verbessern.«

Wahrscheinlich sind die Menschen in anderen Niemprojekten ebenso begeistert, wie die Menschen in Dabajuro. In der Dominikanischen Republik, in Costa Rica, Honduras, Nicaragua, aber auch in verschiedenen afrikanischen Ländern laufen Niemprojekte, die sich zum Teil bereits zu erfolgreichen Unternehmen ausgeweitet haben.

Niem – Wirkstoffe, Verarbeitung, Anwendung

■ Niemkerne

Die wohl am häufigsten verwendeten Pflanzenteile des Niembaums sind die Früchte bzw.

Die Früchte bzw. Samen des Niembaums enthalten ein ganzes Potpourrie von Wirkstoffen, die sowohl für medizinische und kosmetische Zwecke wie auch zum Pflanzenschutz eingesetzt werden.

Samen. Sie enthalten ein ganzes Potpourrie von Inhaltsstoffen, die sowohl für medizinische als auch für kosmetische Zwecke eingesetzt werden können. Außerdem sind sie hervorragend zur Schädlingsbekämpfung geeignet.

Die meisten Niemwirkstoffe gehören chemisch zu zwei Molekülgruppen, den sogenannten Triterpenen und Limonoiden. Triterpene sind Naturstoffe aus dem Tier- und Pflanzenreich, die häufig wichtige biologische Funktionen, zum Beispiel als Hormone, übernehmen. Limonoide sind Molekülverwandte des Monoterpens Limonen, das in vielen ätherischen Ölen vorkommt und beispielsweise bei Termiten als Alarmstoff wirkt. Die stärkste Wirkung soll hauptsächlich von vier Niemwirkstoffen ausgehen: Azadirachtin, Meliantriol, Salannin und Nimbin bzw. Nimbidin. Insbesondere dem Azadirachtin werden wichtige Wirkungen gegen Schadinsekten zugeschrieben.

Geerntet werden die Niemfrüchte meist, wenn sie die typische gelbgrüne Farbe zeigen. Da Blüten und Früchte gleichzeitig an einem Baum vorkommen können, gibt es in vielen Niempflanzungen keinen festen Erntezeitpunkt, sondern man sammelt während des ganzen Jahres. Oft werden die Früchte mühsam von Hand geerntet. Eine andere Möglichkeit besteht darin, die Bäume oder Äste mit reifen Niemfrüchten stark zu schütteln. Dann können die herabgefallenen Früchte von der Erde aufgelesen werden. Das sollte allerdings sofort geschehen, denn bereits zu diesem Zeitpunkt können die Samen verpilzen.

Die frisch gesammelten Früchte müssen deshalb auch schnell weiterverarbeitet werden. Zunächst wird das weiche Fruchtfleisch einfach mit Hilfe von Reibbrettern oder Reibmühlen vom Kern gelöst, weil es nicht mehr weiterverwendet wird. Nachdem es mit Wasser von den Kernen abgespült wurde, müssen die nackten Samen unbedingt getrocknet werden. Dazu werden sie in einer dünnen Schicht an einem luftigen Standort unter einem Segeltuchdach ausgebreitet. Das Stoffdach schützt dabei vor Regen und direktem Sonnenlicht.

Erst wenn die Samen wirklich gut getrocknet sind, dürfen sie in Tüten, Beutel oder andere Vorratsgefäße gefüllt werden. Die Wirksamkeit der so gewonnenen Samen bleibt über mindestens zwei Jahre hinweg erhalten, so daß die Kerne also gelagert werden können. Auch lange und zeitintensive Transportwege sind für die getrockneten Niemsamen kein Problem. So können sie beispielsweise »umweltfreundlich« per Schiff von Südamerika zu uns gelangen und brauchen keineswegs mit dem Flugzeug eingeflogen zu werden.

Grundsätzlich können zwar die Wirkstoffe auch aus den ganzen Samen gewonnen werden, doch die Ausbeute ist dann sehr viel geringer. Im Prinzip wäre das so, als wenn wir unseren Kaffee mit ganzen Bohnen kochen würden. Doch nicht immer steht den Menschen eine Mühle zur Verfügung. Bevor man allerdings ganz auf den Einsatz von Niem verzichtet, sollte man besser ganze oder angequetschte Niemsamen verwenden, die also auf irgendeine Art mechanisch, zum Beispiel durch Zertreten, geöffnet wurden. So ist auch für den Landwirt ohne raffinierte technische Ausrüstung der Einsatz von Niem möglich.

Niemsamen lassen sich allerdings mit recht primitiven Mühlen relativ leicht von Hand mahlen. Dabei werden die Samen meist in einen Trichter geworfen, auf dessen Grund sich ein scharfkantiges Schraubgewinde befindet. Beim Drehen dieses Gewindes werden die Niemsamen zerstückelt. Die Niemflocken fallen dann in das Sammelgefäß.

Auch mit recht einfachen Handmühlen lassen sich die Niemsamen leicht mahlen. Wird das Niemmehl mit Wasser angesetzt, erhält man eine wirkungsvolle Spritzbrühe gegen allerlei Pflanzenschädlinge.

Im industriellen Maßstab werden elektrisch betriebene Mahlwerke, meist mit Schlagmessern, eingesetzt. Für den Privatgebrauch lassen sich Niemsamen natürlich auch mit einer Kaffeemühle mahlen. Es empfiehlt sich jedoch, diese hinterher ausgiebig zu reinigen, da sonst der bittere Niemgeschmack zurückbleibt. Die Niemrückstände sind zwar nicht giftig, doch sie können einem gehörig den Kaffeegenuß verderben.

Gemahlene Niemsamen

Sie sind zwar extrem selten, aber es gibt sie – die Niemliebhaber. Es sind kleine Getreideplattkäfer (*Orycaephilus*), die sich auf Niem als Nahrungsquelle spezialisiert haben. Gegebenenfalls kann man sogar hierzulande ihre Bekanntschaft machen, wenn sie gerade an Samenbeständen knabberten, die für den Export bestimmt waren, unbemerkt mit in die Verpackung und anschließend in den Handel gelangten.

Auf die Wirkung des Niems haben die Käfer keinen Einfluß. Sie richten zwar durch das Fressen winziger Mengen von Niem keinen Schaden an, erreichen aber als unappetitliche Beilage auch den Verbraucher.

Daß auch die gemahlenen Niemsamen ihre Wirksamkeit behalten, erleichtert nicht nur die Anwendung: Durch das Mahlen der Samen direkt in den Erzeugerländern, kann man sich auch der nur wenige Milimeter kleinen Störenfriede ganz einfach entledigen, die diese Prozedur natürlich nicht überleben. Im Niemmehl finden sich deshalb keine Parasiten mehr.

Allerdings müssen die gemahlenen Samen ebenso wie die ganzen Kerne vor praller Sonne und Feuchtigkeit geschützt werden, denn UV-Licht und Wasser beschleunigen den Abbau der aktiven Niemsubstanzen. Um ihre Wirksamkeit möglichst lange zu erhalten, sollten die Niemprodukte also sorgfältig vor direkter Sonneneinstrahlung geschützt und trocken aufbewahrt werden.

Da Feuchtigkeit das Niemmehl schädigt, sind

auch die aus den gemahlenen Samen angesetzten wäßrigen Lösungen nur zeitlich begrenzt wirksam. Ohne zusätzliche Stabilisierung verringert sich die Wirksamkeit schnell, denn selbst kühl und dunkel aufbewahrt hält sich die Spritzbrühe nur maximal ein bis zwei Wochen.

Niemsamen sollten übrigens nicht zu fein gemahlen werden, denn dann lassen sich später feste Samenbestandteile und Wasser nur schwer voneinander trennen. Kleiemehlgroße Partikel lassen sich indes gut mit einem Tuch, feiner Gaze, einem Teesieb oder einem feinen Damenstrumpf abseihen. Zurückbleibende Samenteilchen sollten Sie nicht wegwerfen, denn sie eignen sich noch zur sogenannten systemischen Bodenbehandlung (vgl. Seite 62).

■ *Niempreßöl*

Überall, wo der Niembaum wächst, nutzen die Menschen seine Samen auch zur Ölgewinnung. Der Ölanteil der Samen liegt bei 40 bis 50 Prozent, was den Niembaum zu einem wichtigen Öllieferanten macht. Neben der technischen Anwendung spielt Niemöl auch eine wichtige Rolle im Pflanzenschutz (vgl. Seite 60 ff.).

Die zur Ölgewinnung vorgesehenen Niemsamen lagern nach der Ernte zunächst drei bis sechs Monate, dann sind sie gründlich trocken und eignen sich zur Verarbeitung. Die Produktionsmengen für das Öl in den verschiedenen Ländern sind allerdings sehr unterschiedlich: Während in Afrika hauptsächlich Niemöl für den Eigenbedarf hergestellt wird, ist es beispielsweise in Indien und in der Karibik bereits ein wichtiger Exportartikel.

In armen landwirtschaftlichen Betrieben ist die Gewinnung des Öls zumeist noch mühsame Handarbeit: Zunächst müssen die harten Samenschalen entfernt werden, weil sie das Auspressen der Kerne erschweren und die Ausbeute verringern. Die Samen werden in einfachen handbetriebenen Mühlen oder auch per Hand im Mörser aufgebrochen. Durch mehrfaches Aussieben der Schalen erhält man schließlich die reinen Kerne.

Die nackten Kerne werden anschließend gründlich gemahlen und portionsweise mit wenig Wasser versetzt. Beimengen von warmem Wasser erleichtert die Arbeit, da das Niemöl bereits bei 23 Grad Celsius schmilzt. So entsteht aus dem Niembrei schneller eine geschmeidige Paste, die sich sehr viel leichter pressen läßt. Weit verbreitet sind dafür hydraulische Holzpressen, die manuell bedient oder mit Ochsen betrieben werden. Die Ausbeute kann hier bis zu 100 Milliliter aus einem Kilogramm Kernen betragen. Das gewonnene Öl ruht anschließend noch ein paar Tage und wird dann abfiltriert.

Höhere Ausbeuten werden mit maschinenbetriebenen Korndreschern für das Knacken und Sortieren der Kerne und den sogenannten Schrauben- bzw. Schneckenpressen erzielt, deren Nutzung allerdings für den kleinen bäuerlichen Betrieb nicht rentabel ist und die Bildung von Kooperativen voraussetzt.

Die beim Pressen angewandten Temperaturen haben großen Einfluß auf die Qualität des gewonnenen Öls. Bei Betriebstemperaturen bis zu 70 Grad Celsius gilt das Öl immer noch als kaltgepreßt. Der Anreiz für den Einsatz höherer Temperaturen liegt in der größeren Ausbeute. Allerdings verschlechtert sich die Ölqualität bei Temperaturen von über 100 Grad Celsius beträchtlich, und auch seine Wirksamkeit leidet durch die Zerstörung von biologisch aktiven Bestandteilen. Beim Kauf von Niemöl ist es deshalb besonders wichtig, auf die Herstellungsweise zu achten.

Das traditionelle, aber auch das maschinelle Kaltpreßverfahren liefert ein qualitativ hochwertiges Öl. Es besitzt eine dunkelgelbe Farbe, erstarrt bei Temperaturen unter 23 Grad Celsius und ist nichttrocknend. Das Öl besteht hauptsächlich aus Glyceriden der Palmitin-, Stearin-, Öl- und Linolsäure, ist also chemisch dem Öl der Sojabohne oder der Olive ähnlich. Im kaltgepreßten Öl finden sich darüber hinaus annähernd 10 bis 20 Prozent des Gesamtgehalts an biologisch aktiven Bestandteilen, vor allem den Limonoiden; der Rest verbleibt im Rückstand.

Eine Alternative zur Ölgewinnung durch Pressen ist die Extraktion der Kerne mit Hexan, die ein minderwertiges Öl für technische Zwecke liefert. Hochwertigeres Öl gewinnt man durch eine Extraktion in zwei Stufen: Zunächst werden den Kernen mit Hilfe von Alkohol die Geruchs- und Bitterstoffe entzogen, und anschließend wird mit Hexan das Öl extrahiert. Obwohl diese Methode ein gutes Öl liefert, werden bisher nur sehr geringe Mengen auf diese Weise hergestellt, da die benötigten Lösungsmittel teuer sind und die erforderlichen technischen Anlagen fehlen.

Im Niemöl enthaltene Bitterstoffe und bestimmte Schwefelkomponenten, die ihm einen strengen knoblauchartigen Geruch verleihen, vergällen den Geschmack. Aus diesem Grund findet es im Rohzustand keine Verwendung als Nahrungsmittel, sondern eignet sich nur als Schmiermittel, für die Wachsherstellung, als Brennstoff, zum Beispiel für Öllampen, und vorzugsweise in der Seifenproduktion. In Indien werden Haushaltsseifen inzwischen großindustriell fast auschließlich aus Niem- und Kokosöl hergestellt, da sie frei verfügbar, billig in der Herstellung und als Seife sehr wirkungsvoll sind.

Wegen seiner antiseptischen Wirkung eignet es sich auch hervorragend für medizinische Seifen und Pharmazeutika wie Salben, Packungen und Einreibemittel. Außerdem findet es Verwendung in Kosmetikartikeln wie Cremes, Lotionen und Shampoos. Für diese Zwecke wird das Öl allerdings weiter aufbereitet, zum Beispiel durch eine Destillation. Dabei entsteht ein verfeinertes, geruchloses Öl mit längerer Haltbarkeit, weil auch die fürs Ranzigwerden verantwortlichen freien Fettsäuren mitentfernt werden. Die unangenehmen Geruchsstoffe im Niemöl lassen sich auch mit Alkohol entziehen.

Zum Schutz gegen Schädlinge

Inzwischen aber testen Wissenschaftler das Niemöl erfolgreich gegen Schädlinge und Krankheiten an Pflanzen in Gewächshäusern und auf dem Feld. Der wiederholte Einsatz des Öls hat seine Wirkung gegen so schwere Pflanzenkrankheiten wie Rost und Mehltau bewiesen (vgl. Seite 60ff.). Außerdem konnte man gesunde Pflanzen durch Einsprühen mit Niemöl vor einem Krankheitsbefall bewahren.

Welche Inhaltsstoffe im Öl für die eindämmende Wirkung bzw. für die vorbeugende Wirkung auf diese Krankheiten verantwortlich sind, ist bislang noch nicht bekannt. Deshalb Vorsicht: Pflanzen reagieren empfindlich auf Öle, und auch beim Niemöl machen sie keine Ausnahme. Der Ölanteil in den Spritzmitteln darf zwei Prozent auf keinen Fall übersteigen. Andernfalls verstopft das Öl die Poren der Blätter, die Pflanze kann nicht mehr atmen und erstickt. Durch die ätzende Wirkung des Niemöls kann außerdem das Pflanzengewebe verletzt werden. Die Ölanwendungen sollten überdies in der Dämmerung und nicht in der prallen Sonne stattfinden, weil das für die Pflanze schonender ist.

Niemöl im Haus

In Indien werden gelagerte Getreidevorräte traditionell durch beigemischte Niemblätter drei bis sechs Monate vor Schädlingsbefall geschützt. Das Niemöl erweist sich als besonders wirksam bei der Abschreckung von Schädlingen der Hülsenfrüchte. Allerdings findet es hier selten Einsatz in großem Maßstab, sondern eher im privaten Haushalt oder bei Samen, die zur Aussaat bestimmt sind.

Für viele Insekten hat Niemöl einen abstoßenden Geruch, was seine Vorratshaltung sicher auch erleichtert. Niemöl scheint auch einen Repellent-, also Abwehrcharakter gegen Moskitos zu haben, denn es wird seit einiger Zeit mit gutem Erfolg in Mückenschutz-Lotionen verwendet (vgl. S. 76 ff.). Über diese Wirkung des Niemöls liegen unter anderem aus Indien wissenschaftliche Erkenntnisse vor.

Vorratsschädlinge haben sich in den letzten Jahren, nicht zuletzt wegen der zunehmenden unbehandelten Bioprodukte und gelagertem Tierfutter, wieder verstärkt in unseren Wohnungen breit gemacht. Neben den Lebensmittelmotten sind es aber auch die Kleidermotten, die erheblichen Schaden verursachen. Diese lästigen Mitbewohner können Sie mit einer niemhaltigen Rezeptur verscheuchen:

Möbelpolitur

10 g Carnaubawachs
5 g Lamecreme
25 g Kokosöl
5 g Niemöl
je 1 g Palmarosa-, Lavendel-, Zedern-, Zitronellaöl
2,5 g Lösungsvermittler LV 41
55 ml heißes Wasser

Carnaubawachs, Lamecreme, Kokosöl und Niemöl im Kochtopf oder einem feuerfesten Becherglas bei ca. 80 Grad Celsius schmelzen. Wasser mit der gleichen Temperatur einrühren und die Mischung erkalten lassen. Die ätherischen Öle mit dem Lösungsvermittler vermengen und mit der Fettmasse mischen. Die Politur in ein verschließbares Gefäß oder eine Tube füllen. Mit einem weichen Lappen auftragen und eventuell nachpolieren.

Niem als Mottenschutz

Sie können zum Beispiel teure Teppiche und Mäntel vor dem Zerfall retten, indem Sie sie auch mit wäßriger Niemlösung (vgl. Seite 57) besprühen. Helle Kleidung bekommt bei dieser Behandlung allerdings leicht Flecken. Bei mehrmaliger Anwendung sterben die gefräßigen und zerstörerischen Larven der Kleidermotten ab.

Kleidermotten meiden ebenfalls eine Mischung aus ätherischen Ölen und Niemöl. Die Öle können sowohl auf Niemblätter als auch auf Niemsamenmehl aufgebracht werden. Das Material wird jeweils in einen Beutel gefüllt und im Kleiderschrank deponiert.

Mottensäckchen auf Niemblätterbasis:
50 g Niemblätter
20 Tr. Lavendelöl
10 Tr. Zedernholzöl
10 Tr. Zitronellaöl

Die Niemblätter mit den ätherischen Ölen beträufeln und in ein passendes Baumwollbeutelchen füllen.

Mottensäckchen auf Niemmehlbasis:
50 g Niemsamen (gemahlen)
20 Tr. Lavendelöl
10 Tr. Zirbelkieferöl
10 Tr. Pinienöl

Die ätherischen Öle auf das Niemmehl tropfen und in ein passendes Baumwollbeutelchen geben.

Niem als Holzschutzmittel
Mit Niem lassen sich aber auch Holzschädlinge fernhalten. Im Außenbereich können Sie Hölzer mit folgender Ölmischung imprägnieren:

Imprägnierhilfe mit Niem:
40 g Terpentin
37 g Leinöl
15 g Niemöl
 5 g Bienenwachs
 3 g Teebaumöl

Schmelzen Sie das Wachs und fügen Sie die anderen Öle hinzu. Tragen Sie die Mischung nach einem eventuell vorhergehenden Holzschliff mit einem Pinsel oder einem Baumwolltuch auf das Holz auf. Lassen Sie die Mischung gut einziehen, denn sie ist sehr fettig, und wiederholen Sie den Vorgang noch einmal, falls notwendig. Diese Behandlung eignet sich beispielsweise hervorragend für Gartenmöbel und Vogelhäuschen.

■ *Niempreßkuchen zum Kaffeeklatsch?*

Der dunkelbraune harte Kern, der bei der Niemölherstellung übrigbleibt, ist ein Abfallprodukt der besonderen Art und kann vielfältig genutzt werden. Großindustriell wird das noch im Kuchen verbliebene Öl mit Hexan extrahiert, das Öl ist allerdings nur noch für Seifen und Gebrauchsgüter geeignet.

Ganz andere und viel wertvollere Anwendung findet der Niemkuchen als Düngemittel: Er enthält mehr Stickstoff, Phosphor, Kalium, Calcium und Magnesium als landwirtschaftlicher Dünger oder Klärschlamm, und im Preßrückstand befinden sich außerdem noch wertvolle Limonoide. Damit bekämpft der Niemkuchen, zerkleinert in den Boden eingebracht, erfolgreich an den Wurzeln von Pflanzen lebende Fadenwürmer, sogenannte Nematoden, und zum Beispiel auch Termiten.

Darüber hinaus steigert Niempreßkuchen die Düngeeigenschaften herkömmlicher Harnstoffdünger. Im Boden lebende Bakterien verarbeiten nämlich fleißig einen Teil des im Harnstoffdünger gebundenen Stickstoffs zu gasförmigem Stickstoff. Dieser entweicht in die Atmosphäre oder verbleibt als Gas völlig nutzlos im Boden. Die Wirkstoffe im Niemkuchen hemmen die Aktivität der Bakterien und steigern so die Eigenschaften des Harnstoffdüngers.

Niempreßkuchen ist hierzulande in gemahlener Form im Handel erhältlich. Der etwas grobkörnige, dunkelbraune »Sand« eignet sich besonders gut als Bodenzusatz im Saatbeet. Gerade junge Pflanzen sind durch diese systemische Anwendung bestens geschützt (vgl. Seite 62 ff.).

Experten prüfen zur Zeit auch die Nutzung der mit Aceton oder Ethanol isolierten Preßkuchen-Wirkstoffe. Das Ziel dabei ist eine Verringerung der Transportkosten, denn dann müßte

Kordula Werner (links), die an der Entstehung dieses Buches kräftig mitwirkte, hat den dunkelbraunen Niemkuchen als wirkungsvolles Düngemittel in der Pflanzenerde bereits mehrfach ausprobiert.

nicht mehr der gesamte Preßkuchen befördert werden, sondern nur noch das extrahierte Konzentrat, das allerdings mit teuren Lösungsmitteln hergestellt werden muß.

Niempreßkuchen kann außerdem als zusätzliches Viehfutter dienen. In kleineren Mengen untergemischt, wird er nämlich trotz seines bitteren Geschmacks vom Vieh akzeptiert. 0,1- bis einprozentige Beimischungen von gemahlenem Niemkuchen zum Futter zeigen eine erstaunliche Wirkung gegen Fliegen: Die Wirkstoffe des Niems passieren den Verdauungstrakt der Tiere und hindern im Kot lebende Fliegenlarven an ihrer weiteren Entwicklung (vgl. Seite 66 ff.).

■ *Niemblätter*

Obwohl die Blätter, unter gelagertes Getreide und Hülsenfrüchte gemischt, schon seit langer Zeit in Indien als Schutz gegen Vorratsschädlinge eingesetzt werden, fanden ihre Qualitäten als Insektizid bis vor ca. 15 Jahren keinerlei Beachtung. Bis dahin sind in erster Linie die Niemsamen für die Ungezieferbekämpfung und den Pflanzenschutz eingesetzt worden. Obwohl die Niemblätter nicht genau die gleichen Wirkstoffe wie die Samen enthalten, sollen auch sie in vielen Bereichen eine ähnliche, aber meist schwächere Wirkung entfalten. Darauf weisen zumindest erste Untersuchungen im Niemprojekt in Venezuela hin.

Verantwortlich dafür ist unter anderem Veronica Seher aus Caracas. Obwohl der Hauptwirkstoff der Niemsamen, das Azadirachtin, in den Blättern nicht zu finden ist, weiß die engagierte Biologin aus eigener Erfahrung zu berichten, daß die Blätter dennoch eine ähnliche Wirkung zeigen. Verschiedene chemische Verbindungen der Limonoide und Triterpenoide in den Blättern lösen vermutlich die vergleichbaren Reaktionen aus. Die Ernte der Blätter an den Niembäumen führt allerdings zu geringeren Samenerträgen. Aus diesem Grund wird die Nutzung der Niemblätter bisher wenig propagiert.

Im Gegensatz zu den Niemsamen haben die Blätter einen angenehmen Geruch, was für die Anwendung in der Kosmetik besonders wichtig ist. Den Extrakt aus den Niemblättern können Sie sowohl als Tee als auch als alkoholische Tinktur (vgl. Seite 77) herstellen. Der Alkoholextrakt hat eine tiefgrüne Farbe und ist über mehrere Wochen haltbar. Wäßriger

Die verschiedenen Produkte aus Samen, Blättern und Holz der Niembäume auf der Finca El Buchal sind mit ihren vielseitigen Einsatzmöglichkeiten zu erfolgreichen Verkaufsgütern der Kooperative geworden.

Niemblätterextrakt muß dagegen bald weiterverarbeitet werden, denn er bleibt nur kurze Zeit wirksam. Kalte Blattauszüge gären schnell und sind deshalb ungeeignet.

Niemblätterextrakte zeigen übrigens auch eine verblüffende Wirkung auf den Schimmelpilz *Aspergillus flavus*, der sich schnell auf unseren Lebensmitteln breitmacht: Sie hindern ihn daran, das hochgiftige Aflatoxin zu produzieren, und machen ihn damit unschädlich. Aflatoxin gilt als einer der gefährlichsten Krebsauslöser.

Trotz ihrer Wirkung können die Blätter und die Samen selbst auch von dem Pilz befallen werden, wenn sie nicht sorgfältig getrocknet und gelagert werden.

Nicht zum Trinken: Niemtee

Niemtee ist ein hervorragender Ausgangsstoff sowohl für Kosmetika als auch für die Ungezieferbekämpfung und den Pflanzenschutz. Allerdings ist er **nicht** für die innere Anwendung geeignet, weil noch zu wenig über die Auswirkungen der Nieminhaltsstoffe bekannt ist (vgl. Seite 68 ff.). Die Blattextrakte zeigen in Form von Shampoos gegen Schädlinge beim Menschen oder auch bei Haustieren aber gute Erfolge (vgl. Seite 75 f., 84).

■ Niemrinde

Der Niembaum besitzt eine harte, mäßig dicke Rinde. Sie ist gewöhnlich braun und geprägt durch starke Furchen. Ähnlich wie die Blätter und die Samen enthält auch sie besondere Wirkstoffe. In Indien wird Niem wegen seiner antiseptischen Eigenschaften traditionell als Mundpflegemittel benutzt und gegen Zahnfleischentzündungen eingesetzt.

In den ländlichen Gegenden ersetzen kleine Niemzweige häufig die Zahnbürste: Viele Inder massieren ihr Zahnfleisch und ihren Gaumen mit zu kleinen Bürsten geformten Niemzweigen. Natürlich reinigen die Zweigfa-

sern auch die Zähne und die Zahnzwischen-
räume. Obwohl hier auf eine Mundpflege mit
Zahnbürste und Zahnpasta verzichtet wird,
haben diese Menschen in der Regel gesunde
Zähne und ein kräftiges Zahnfleisch.

Mittlerweile wird Niem jedoch auch in Zahnpasten verarbeitet. Wer in Indien also nicht mehr
zum Niemzweiglein greift, braucht dort keineswegs auf die Wirkung des Niems zu verzichten.
Kein Wunder, daß in Indien Niemzahnpasten zu
Verkaufsschlagern wurden. Der Geschmack dieser Zahncremes ist allerdings knoblauchartig bis
bitter, da auch die Rinde – wie das Holz, die
Blätter und die Samen – scharfe, bittere, streng
riechende Geruchsstoffe enthält.

Erste Niemzahncremes sind mittlerweile
auch auf dem deutschen Markt erhältlich. Mit
ätherischen Ölen und anderen Zusatzstoffen
haben die Hersteller diesen Zahnpasten einen
angenehmen Geschmack verliehen. Wissenschaftliche Untersuchungen belegen ihre vorbeugende Wirkung gegen Karies und Zahnfleischentzündungen sowie eine heilungsför-
dernde Wirkung.

Die wirksamen Inhaltsstoffe befinden sich
insbesondere im Bast der Rinde, also in der
äußersten Borkenschicht.

Erfrischendes Zahngel

Wir haben ein erfrischendes Zahngel mit
gemahlener Niemrinde entwickelt. Das Niemrindenpulver wird wahrscheinlich ab Herbst
1996 in den Läden erhältlich sein, die Sie unter
den Bezugsquellen finden.

Zahngel mit Niempulver
50 ml abgekochtes Wasser oder Aqua dest.
bzw. Aqua dem.
5 g Niemrindenpulver
1 Tbl. Lightsüß
1 Meßl. Xanthan
2 Meßl. Glycerin
2 Meßl. Betain
3 Tr. Teebaumöl (*Melaleuca alternifolia*)
5 Tr. Krauseminzeöl (*Mentha spicata*)
12 Tr. Paraben K

Die Lightsüß-Tablette im Wasser auflösen,
Betain und Xanthan hinzugeben und vorsichtig unterrühren. Zum Schluß das Glycerin und
die ätherischen Öle im Gel verrühren und mit
Paraben konservieren. Streuen Sie das Niem-
pulver auf das Gel und verteilen Sie es gleichmäßig. Füllen Sie das Gel in eine am Ende
offene Blechtube und verschließen Sie diese.

Niem – das natürliche Pflanzenschutzmittel

■ *Wehret den Anfängen:*
Niem gegen Heuschreckenplagen

Die frappierende Wirkung des Niems gegen Schädlinge wurde erstmals bei Wüstenheuschrecken beobachtet (vgl. Seite 26 f.). Kein Wunder also, daß die Wissenschaftler schon bald versuchten, mit Niemextrakten dieser Plage Herr zu werden. Bei ihren Untersuchungen stellten die Forscher fest, daß der Hormonhaushalt der Tiere durch Niem in einer sehr speziellen Form gestört wird. Bevor die Heuschrecken sich nämlich zum Ausschwärmen bereit machen, erfolgt bei ihnen eine Hormonumstellung.

Wüstenheuschrecken leben normalerweise allein und stellen für die Landwirtschaft dann keine Bedrohung dar. Erst wenn zu viele Tiere aufeinandertreffen, also ihr Lebensraum zu eng wird, beginnt die Verwandlung vom harmlosen Hüpfer zum gefährlichen Insekt. Die Tiere ändern ihre Farbe von Grün nach Schwarzgelb und suchen regelrecht den engen Kontakt zu Artgenossen.

Werden sie zu diesem Zeitpunkt gezwungen, Niemwirkstoffe von besprühten Pflanzen aufzunehmen, so verwandeln sie sich recht bald wieder in ihre ursprünglich harmlose Form zurück. Die Tiere können sich dann nicht mehr zu den gefährlichen Schwärmen zusammenrotten, weil die Hormone, die die Verhaltensänderung steuern, gestört werden. Doch in der Natur kommt es meist gar nicht soweit: Die gefährliche Wanderheuschrecke oder Wüstenheuschrecke geht dem Niembaum aus dem Weg. Sie hat sogar ein eigenes Sinnesorgan an ihren Mundwerkzeugen, um seine Wirkstoffe zu identifizieren.

Die Heuschrecken erkennen damit aber nicht nur den Niembaum, sondern sie bemerken auch, wenn Pflanzen zuvor mit Niemextrakt besprüht wurden. Vor die Wahl gestellt, an diesen Pflanzen zu knabbern oder zu verhungern, bevorzugen die Tiere den Hungertod. Bis zu 14 Tage nach der Behandlung können die Heuschrecken, unabhängig von klimatischen Bedingungen, den Niemextrakt noch feststellen. Erst danach werden ihnen die Pflanzen wieder schmecken.

Für eine effektive Heuschreckenbekämpfung ist es wichtig, die gefährlichen Schwärme von vornherein zu verhindern. Aus diesem Grund überwachen zur Zeit Frühwarndienste die Situation der Heuschrecken in Afrika. Beim ersten Anzeichen einer möglichen Katastrophe soll die drohende Heuschreckenplage mit Niem verhindert werden, indem bereits das Zusammenrotten der Tiere unterbunden wird.

■ Die Waffen des Niems

Pflanzen haben unterschiedliche Waffen entwickelt, um ihren Freßfeinden entgegenzutreten. Sie stechen mit Dornen, setzen bei Berührung brennende Gifte frei oder produzieren spezielle Substanzen, die sie davor bewahren, ein leichtes Opfer ihrer Widersacher zu werden.

Der Niembaum schützt sich vor Insekten, die nur zu gern von seinen Pflanzenteilen naschen würden, mit für diese unverträglichen Abwehrstoffen. Als Lieferant dieser natürlichen Pflanzenschutzmittel gebührt ihm eine

Werden Wüstenheuschrecken als Larven mit Niemöl besprüht, so verkümmern wie bei dieser hier Fühler, Beine und Flügel. Die Tiere können sich damit nicht mehr fortbewegen und also auch keine Schäden mehr anrichten.

besondere Wertschätzung: Seine Produkte bieten mannigfaltige Einsatzmöglichkeiten und sind außerordentlich wirksam.

Die biologisch aktiven Komponenten finden sich in allen Teilen des Baumes, vor allem aber in den Blättern und darüber hinaus besonders konzentriert in den Samen. Auf einfache Art und Weise läßt sich aus zerstoßenen Blättern oder gemahlenen Samen mit Hilfe von Wasser, Alkohol oder anderen Lösungsmitteln schon ein effektives Insektizid gewinnen. Die Rezepte zur Herstellung eines wäßrigen Niemspritzmittels finden Sie am Ende dieses Kapitels (vgl. Seite 57).

Die Extrakte enthalten eine Mixtur von etwa 40 verschiedenen Inhaltsstoffen, deren Anteile je nach Herstellungsweise variieren können. Neben Azadirachtin, dem wichtigsten Wirkstoff, gibt es drei weitere hochaktive Verbindungen, Salannin, Meliantropin und Nimbin bzw. Nimbidin. Jede dieser Verbindungen besitzt eine oder auch mehrere spezielle Aufgaben im Kampf gegen die Schädlinge. Die restlichen, weniger aktiven Bestandteile des Niems, die heute in ihrer Struktur nahezu alle bekannt sind, komplettieren den »Anti-Insekten-Cocktail«. In dieser Kombination ergänzen und unterstützen sich die einzelnen Wirkstoffe gegenseitig zu einer hochwirksamen Mischung.

Im letzten Jahrzehnt testeten Entomologen, das heißt Insektenkundler, Niemsubstanzen erfolgreich bei mehr als 400 Insektenarten. Andere Wissenschaftler untersuchten die Wirkung von Niem bei einigen Milben, Fadenwürmern (Nematoden), Pilzen, Bakterien und auch einzelnen Viren. Für wirksamen Schutz gegen bestimmte Schädlinge genügen demnach manchmal schon Niemkonzentrationen von weniger als ein Zehntel *parts per million* (ppm) in den Extrakten, das entspricht 0,000 01 Prozent. Umgerechnet wäre das ein Fingerhut voll Niem auf ca. 4000 Liter Wasser. Manche Schädlinge machen schon bei solch geringen Spuren von Niemwirkstoffen einen großen Bogen um die sonst so anziehenden Gewächse.

In Laborversuchen beobachteten amerikanische Wissenschaftler eine der gefräßigsten Gartenplagen der USA, den Japan-Käfer. Die verfressenen Käfer bekamen ein Nahrungsangebot, bei dem sie quasi zwischen Leben und Tod entscheiden mußten: Ihre dargebotene Leibspeise, die Blätter von Sojabohnenpflanzen, waren jeweils auf einer Hälfte mit Niem eingesprüht worden. Innerhalb von 48 Stunden verputzten sie die niemfreien Blatthälften, während sie die behandelten nicht anrührten. Die Käfer verhungerten eher, als nur ein winziges Stückchen des mit Niem »verseuchten« Blattes zu verspeisen.

Ewige Jugend

Doch nicht alle Insekten lassen sich von Niem so leicht den Appetit verderben. Fressen sie doch einmal mit Niem behandeltes Pflanzenmaterial, gelangen dann die Niemsubstanzen in den Tierkörper und greifen drastisch in die Lebensvorgänge des Organismus ein. Das normale Wachstum wird verzögert, es kommt zu Entwicklungsstörungen bis hin zur Fortpflanzungsunfähigkeit.

Diese Stoffwechselprozesse der Insekten werden durch ein sensibles Hormonsystem gesteuert, das durch bestimmte Niemwirkstoffe außer Kontrolle gerät. Hierbei tritt besonders das Azadirachtin, einer der Hauptwirkstoffe des Niems, als Auslöser in Aktion. Es ähnelt in seiner Struktur sehr stark dem Häutungshormon der Insekten, dem sogenannten Ecdyson, das das normale Wachstum steuert.

Mit dem Ausschlüpfen aus dem Ei beginnt die mit mehreren Häutungen verbundene Entwicklung des Jungtieres. Die Larven wachsen sehr schnell und die nicht dehnbare äußere Haut wird bald zu eng. Unter dem Einfluß der Häutungshormone bildet sich unter der alten eine neue, größere Haut, und schließlich wird die alte Haut abgestreift. Bei einigen Insekten, zum Beispiel bei Wanzen und Läusen, wiederholt sich dieser Vorgang mehrfach. Sie werden von Mal zu Mal dem erwachsenen Tier ähnlicher, bis aus der letzten Häutung das geschlechtsreife Tier hervorgeht.

Bei anderen Insekten, zum Beispiel Fliegen, Mücken und Flöhen, verpuppt sich dagegen die ausgewachsene Larve. Die vollkommene Umwandlung zum erwachsenen Insekt erfolgt bei ihnen quasi in einem Entwicklungsschritt. Auch diese Metamorphose unterliegt der Steuerung durch das Ecdyson.

Die Ecdyson-Produktion wird je nach Azadirachtin-Konzentration reduziert, so daß keine normale Häutung mehr möglich ist. Die Synthese und Freisetzung des echten Hormons wird schließlich eingestellt, und als Folge unterbleiben die weiteren Entwicklungsschritte. Die Larven bleiben, wenn sie nicht alsbald sterben, noch für einige Zeit als »ewige Jugendliche« im letzten Entwicklungsstadium.

Kein Widerstand

Ein ernstes Problem, das beim Einsatz synthetischer Pflanzenschutzmittel regelmäßig auftritt, ist die Resistenzbildung. Etliche Insekten werden unempfindlich gegen ehemals hochwirksame Pestizide. Ein typisches Beispiel dafür ist die Anopheles-Stechmücke, die die gefürchteten Malariaerreger auf den Menschen überträgt. Durch genetische Veränderungen hat sie eine vollständige Immunität gegen das Insektenbekämpfungsmittel DDT erworben.

Einzelne Exemplare einer Schädlingsart, die durch eine Laune der Natur aufgrund ihrer genetischen Anlagen eine geringere Empfindlichkeit gegen das Bekämpfungsmittel aufweisen, überleben die Behandlung und pflanzen sich weiter fort. Damit wächst eine neue Generation heran, die die Immunität ihrerseits weitervererbt. Bedingt durch die schnelle Generationsfolge der Insekten entsteht in absehbarer Zeit eine neue, jetzt schwerer zu bekämpfende Population von Schädlingen.

Übrigens entwickeln sich Resistenzen besonders rasch gegenüber Insektiziden, die nur an einer Stelle in den Stoffwechsel der Organismen eingreifen. Je weniger Angriffspunkte das eingesetzte Mittel besitzt, um so größer ist die Wahrscheinlichkeit, daß einige Tiere nicht betroffen sind. Dadurch sind Mißerfolge von chemisch-synthetischen Produkten, die oft nur einen Wirkstoff enthalten, schon vorprogrammiert.

Die komplexe Mischung von verschiedenen Wirkstoffen im Niem verhindert dagegen den schnellen Aufbau von Immunität. Mehrere Untersuchungen, deren Ziel es war, bei unterschiedlichen Insekten Resistenzen gegen Niem zu provozieren, belegen diese Tatsache: Beispielsweise reagierten Kohlmotten in einem Versuch auch in der 35. Nachfolgegeneration gegen Niem noch genauso empfindlich wie die Ursprungstiere. Allerdings ist ein allmählicher Resistenzaufbau bei Verwendung von reinem Azadirachtin theoretisch möglich, aber wenig realistisch.

Eine besonders raffinierte Rolle spielen hierbei spezielle Nieminhaltsstoffe, die Einfluß auf die Vitalität erwachsener Tiere nehmen. Fortpflanzungsfähige Insekten geraten offenbar in einen völlig verwirrten Zustand: Sie fliegen kaum noch oder gar nicht mehr, so daß die Suche nach einem Paarungspartner schließlich gänzlich aufgegeben wird. Sollte es vorher schon zu einer Insektenhochzeit gekommen sein, legen die Weibchen keine oder deutlich weniger Eier.

Auf diese Weise wird zusätzlich die Fortpflanzung resistenter Tiere höchst unwahrscheinlich und der Teufelskreis der Resistenzbildung im Keim erstickt. Bei sorgfältiger Anwendung in der natürlichen Wirkstoffkombination sagen Wissenschaftler dem Niem eine langfristige Effektivität voraus.

■ *Niem als Schützling für den Nützling*

»Fressen und gefressen werden« lautet eine Devise in der Natur. In der Welt der Pflanzen bringt uns dieses Motto auf die Spur eines weiteren natürlichen Schutzmechanismus: Längst nicht alle Insekten sind Pflanzenfresser. Viele leben als Räuber oder Parasiten und verspeisen lästige, auf der Pflanze hockende Verwandte. Mit ihrem großen Appetit sorgen sie für ein erträgliches Maß an pflanzenfressenden Schädlingen.

So trachten eine Menge natürlicher Feinde zum Beispiel der an Pflanzen saugenden Blattlaus nach dem Leben. Der wohl bekannteste von allen ist der Marienkäfer. Mit seinem immensen Appetit frißt er schon in seiner Zeit als Larve mindestens 400 dieser Plagegeister. Und nach einer kleinen Pause, der Puppenruhe, ernährt sich der erwachsene Käfer ebenfalls bevorzugt von diesen Tierchen. Andere Insekten, wie die Laufkäfer, futtern im Laufe eines Tages bis zu zehn Raupen oder Larven schädlicher Schmetterlinge oder Käfer, und ebenso verschmähen auch viele Vögel bestimmte Schädlinge nicht.

Die Bekämpfung von Pflanzenplagen mit chemisch-synthetischen Insektenvernichtungsmitteln greift rigoros in dieses natürliche Gleichgewicht ein. Ihre Wirkstoffe unterscheiden nicht zwischen »nützlich« und »schädlich«. Gleichzeitig mit den Schädlingen treffen sie oft auch die »guten« Tiere, die hilfreiche Dienste im Pflanzenschutz leisten und deshalb unsere Fürsorge verdienen.

Gerade in dieser Hinsicht hat Niem mal wieder die Nase vorn: Nach dem Einsatz von Niemprodukten werden ausschließlich saugende und beißende Insekten, die sich direkt von Pflanzenmaterial ernähren, stark durch seine Wirkstoffe angegriffen.

Keine Angst vor Niem

Demgegenüber bleibt Niem für räuberische Nützlinge, zum Beispiel manche Wespenarten, völlig ungefährlich. Die in den Schädlingen enthaltenen Konzentrationen sind meist zu gering, als daß sie Auswirkungen auf deren Freßfeinde, die Nützlinge, haben könnten. Professor Schmutterer vermutet allerdings, daß neben der Ernährungsweise der beiden verschiedenen Insektentypen auch Unterschiede in ihren Stoffwechselvorgängen den gegensätzlichen Einfluß von Niem erklären.

Auch Schmetterlinge und Bienen, also Tiere, die nur an Blütennektar und Pollen nippen, nehmen damit keine nennenswerten Niemkonzentrationen auf. Insbesondere auf möglicherweise nachteilige Auswirkungen von Niem für solche Nützlinge wird bei den wissenschaftlichen Untersuchungen ein Augenmerk gerichtet.

Bisher sind aber lediglich in Versuchen, bei denen wiederholt hochdosierte Niemlösungen auf blühende Pflanzen aufgebracht wurden, negative Folgen für den Bestand kleinerer Bienenvölker beobachtet worden. Die zum Stock zurückkehrenden Arbeiterbienen verfütterten mit dem gesammelten Pollen oder Nektar auch wachstumshemmende Niemwirkstoffe an ihren Nachwuchs. Aber schon für mittlere bis große Bienenvölker blieben diese Niembehandlungen ohne Einfluß.

Der endgültige Nachweis, daß Niem für Bienen nicht bedrohlich ist, muß allerdings noch erbracht werden. Deshalb soll hier noch einmal auf die sorgsame Anwendung der Niemextrakte hingewiesen werden: Behandeln Sie besonders Ihre blühenden Pflanzen immer mit den von uns vorgeschlagenen, gering dosierten Niemextrakten in den entsprechenden zeitlichen Abständen, und sparen Sie dabei die Blüten (falls möglich) aus – dann erledigen Sie die Richtigen.

Daß Niem eventuell sogar fördernd auf bestimmte Nützlinge wirken kann, zeigen Untersuchungen von Regenwürmern. In Gewächshäusern zeigten die Würmer zunehmende Wachstumsraten, wenn die Pflanzenerde mit Niemblättern bzw. Niemkernen ge-

spickt war. Im Freiland erhöhte sich zwar die Würmerzahl nicht, aber jeder einzelne Wurm entwickelte sich in niembehandelter Erde deutlich besser als in der herkömmlichen.

Auf ein wunderbares Beispiel für die Sanftheit der Niemsubstanzen bei der biologischen Regulierung von Schädlingen stießen Wissenschaftler in Hawaii. Dort wurden Fruchtfliegen, die alljährlich große Schäden in Obstplantagen anrichten, auf ihre Niemempfindlichkeit getestet. Während auf den Bäumen die Früchte heranreifen, entwickeln sich im darunterliegenden Boden die Jungtiere in Puppen zu den erwachsenen Plagegeistern. Durch Besprühen der Erde mit wäßrigen Niemlösungen konnte das Schlüpfen und Ausschwärmen der Fliegen vollkommen verhindert werden.

Doch damit nicht genug: Eine bestimmte Schlupfwespenart, die als Parasit in diesen Fruchtfliegenpuppen aufwächst und zur biologischen Schädlingsregulation in Plantagen eingesetzt wird, zeigte sich sogar sehr niemverträglich. Eine für die Schädlinge bereits kritische Niemkonzentration läßt die Schlupfwespen völlig unbeschadet in ihrer Entwicklung, sowohl was ihr Wachstum als auch ihre Fortpflanzung angeht.

Die niemgeschwächten Schädlinge können weiterhin den Wespen als Nahrungsmittel und »Entwicklungshilfe« dienen. Im Gegensatz dazu hätte ein Eingriff mit synthetischen Insektiziden auch sämtliche Fruchtfliegenlarven sofort abgetötet und so dem Nützling keinen Lebensraum mehr gelassen.

■ Rezepte für die Pflanzenbehandlung

Vor unseren Rezeptvorschlägen für die Behandlung von Pflanzenschädlingen aller Art noch ein kleiner Tip im Umgang mit Niem: Seien Sie geduldig! Verglichen mit den chemischen Keulen fallen die Schädlinge nach der Niemanwendung nicht sofort reihenweise von den Blättern. Sie können durchaus weitere zwei Wochen auf der Pflanze überleben. Allerdings vegetieren sie dann nur noch vor sich hin und können keinen wesentlichen Schaden mehr anrichten.

Das Pflanzenpflegemittel eignet sich bei geringem bis mittlerem Schädlingsbefall zur Vorbeugung vor weiteren Fraßschäden und zur Pflanzenstärkung. Dieses Rezept kann entsprechend dem angegebenen Verhältnis übrigens in beliebig großen Mengen hergestellt werden.

Niempflanzenpflegemittel:
25 g Niemsamen (gemahlen)
0,5 l lauwarmes Wasser

Die gemahlenen Niemsamen werden in einem Becherglas oder einem einfachen Küchenbehälter mit dem lauwarmen Wasser übergossen, gut vermengt und bleiben unter häufigem Rühren bis zu vier Stunden stehen. Dann wird die Brühe über einem Küchensieb abgegossen und anschließend durch einen dichten Nylonstrumpf filtriert. Falls immer noch feste Bestandteile in der Lösung vorhanden sind, filtern Sie ein zweites Mal.

Drücken Sie die restliche Brühe vorsichtig aus dem Strumpf heraus. Fertig ist eine hervorragende Spritzbrühe, die Sie entweder mit Pumpsprühflaschen oder mit einem Pinsel auf die Pflanzen ausbringen. Für größere Flächen sind im Gartenhandel professionellere Spritzgeräte erhältlich.

Die Pflanzen sollten etwa alle zehn Tage behandelt werden und zwar so lange, bis sie von den Schädlingen weitgehend befreit sind. Achten Sie bei der Behandlung besonders darauf, daß Sie die Niemlösung auch auf die Unterseiten der Blätter ausbringen. Oftmals

Nach dem Abfiltern des Niemsamensuds bleibt eine leicht milchige Spritzbrühe zurück, die Ihre Pflanzen hervorragend vor hungrigen Schädlingen schützt.

versteckt sich das saugende und fressende Ungeziefer gerade hier und kann unbemerkt großen Schaden anrichten.

Heutzutage ist für viele Menschen Zeit gleich Geld. Das Ansetzen der Spritzbrühe mag manchen von der Pflanzenbehandlung zurückschrecken lassen. Aus diesem Grund bemühen wir uns um die Herstellung eines fertigen Pflanzenschutz- und Pflegemittels, in dem die Nieminhaltsstoffe haltbar gemacht, also konserviert sind. Wir hoffen, daß Ihnen schon bald ein entsprechendes Produkt zur Verfügung stehen wird, daß dann wahrscheinlich auch in den Geschäften angeboten wird, die unter den Bezugsquellen genannt werden.

Niem gegen Gartengrasmilben

Niem scheint eine deutlich abschreckende Wirkung auf verschiedene Milbenarten zu haben. Zwar können Sie die Gartenmilben, auch Gras- bzw. Herbstmilben, mit Niem nicht ausrotten, doch sie können die Plage eindämmen. Gießen Sie also Ihren Rasen mit einer Gießkanne, die das Pflanzenpflegemittel enthält. Für die Gartenmilben und ihre Larven ist diese Behandlung extrem unangenehm.

Allerdings werden schon bald wieder neue Tiere aus dem benachbarten Bereich in Ihren Garten nachwandern. Deshalb sollten Sie durch zusätzliche Maßnahmen den Plagegeistern das Leben schwer machen: Entfernen Sie unsachgemäß angelegte Komposthaufen, denn die Milben siedeln sich besonders gern in fauligem, feuchten Milieu an. Außerdem sollte der Grasschnitt nicht auf der Wiese liegenbleiben, denn die hungrigen Milbenlarven sitzen bevorzugt auf den Stengeln. Entfernen Sie den Grasschnitt, so entfernen Sie einen Großteil der Larven gleich mit.

Falls Sie selbst ebenfalls zu einem Opfer von Gartenmilben werden, sollten Sie direkt nach dem Aufenthalt im Garten ihre Kleidung wechseln, gegebenenfalls sogar duschen.

Der Milbentest

Sie können übrigens sehr leicht feststellen, ob Sie in ihrem Garten tatsächlich Herbstmilben haben oder ob sich am Ende noch irgendwelches anderes Ungeziefer dort breitgemacht hat: Streifen Sie ein weißes Leinentuch an einem warmen Nachmittag langsam über das Gras. Die Milbenlarven halten sich an dem Tuch fest und laufen darauf herum. Auf dem hellen Untergrund können Sie die Quälgeister deutlich erkennen. Wenn Sie ganz sicher gehen wollen, ob es sich bei den winzigen rötlichen Punkten tatsächlich um Gartenmilben handelt, dann stecken Sie einige Tiere in ein Glasröhrchen und senden Sie sie zwecks Bestimmung an die parasitologische Abteilung der nächsten Universität.

Egal ob der Test nun positiv oder negativ ausfällt – mit Niemextrakt können Sie gleich verschiedene Ungezieferarten treffen. Darüber hinaus kann Niem auch Ihre vierbeinigen Hausgenossen vor Ungeziefer schützen. Sie können nämlich den wäßrigen Niemauszug mit einer Blumenspritze auch direkt auf den Hund und – falls sie es sich gefallen läßt – auch auf die Katze sprühen. Der saure Niemgeruch wirkt so abschreckend, daß Milben, Zecken und Flöhe in der Regel Reißaus nehmen.

Sie können auch Ihre eigene Haut mit Niemlösung einreiben. Falls Sie sich zu einer Eigenbehandlung entschließen, sollten Sie aber zunächst einen Tropfen des Niemextrakts auf einer kleinen Hautstelle testen, um möglichen allergischen Reaktionen vorzubeugen. Allergien können schließlich gerade bei Naturprodukten nicht von vornherein ausgeschlossen werden. Spezielle Rezepte zur Insektenabwehr (Repellents) für Mensch und Tier finden Sie auf den Seiten 76 ff. und 84 f.

Niem gegen extremen Schädlingsbefall

Für den starken Schädlingsbefall durch Läuse und anderes Ungeziefer bietet sich ein erweitertes Rezept an. Zusätzliches Fluidlecithin beschleunigt die Wirkung des Niemmittels durch seinen Anteil an Sojaöl: Das Öl verklebt die Atemröhren der Insekten und läßt sie ersticken. Das ätherische Öl, Lavendel- oder Geraniumöl, verbreitet einen für Insekten abstoßenden Geruch. Lecithin und Teebaumöl sind außerdem wirksam gegen Mehltau. Die zusätzliche Messerspitze Vitamin-E-natürlich schützt die Nieminhaltsstoffe vor der schnellen Zersetzung durch Luftsauerstoff.

Niempflanzenschutzmittel

12 g (2 geh. EL) Niemsamen (gemahlen)
5 g Fluidlecithin CM
5 Tr. Teebaumöl
5 Tr. Lavendelöl (Provence) oder
Geraniumöl
1 Msp. Vit.-E-natürlich
250 ml lauwarmes Wasser

Die gemahlenen Niemsamen werden in einem Becherglas oder einem Küchenbehälter innig mit Fluidlecithin CM, Teebaumöl, Lavendel- bzw. Geraniumöl vermengt. Anschließend wird das Vitamin-E-natürlich zugegeben. Wenn sich eine gleichmäßig durchdrungene Masse gebildet hat, wird in kleinen Portionen das Wasser eingerührt.

Die Mischung sollte nun unter häufigem Rühren mindestens drei Stunden ziehen. Dann wird sie über ein Küchensieb abgegossen und anschließend durch einen feinen Damenstrumpf gefiltert. Sind noch feste Bestandteile in der Lösung verblieben, wird sie noch einmal filtriert.

Das fertige Spritzmittel wird mit Hilfe eines Pinsels oder einer Blumendusche von oben und unten auf die Pflanze aufgebracht. Ungefähr alle sieben bis zehn Tage sollte die Behandlung wiederholt werden. Bis zur nächsten Anwendung kann die Niemlösung im Kühlschrank aufbewahrt werden. Eine längere Haltbarkeit von 14 bis 20 Tagen erhält man durch den Zusatz von 20 Tropfen Paraben K auf 100 Milliliter Lösung.

Auch hier bemühen wir uns um die Herstellung eines fertigen Spritzmittels, in dem die Nieminhaltsstoffe haltbar gemacht, also konserviert sind. Wir hoffen, daß schon bald ein entsprechendes Produkt in den Geschäften angeboten wird, die unter den Bezugsquellen genannt werden.

Niem gegen Mehltau

Seit kurzer Zeit wächst weltweit ein neuer Sproß in der Forschung rund um den Niembaum und seine bemerkenswerten Eigenschaften im Pflanzenschutz. Nachdem jahrelang die wäßrigen und alkoholischen Extrakte der Niemsamen mit ihren Limonoidbestandteilen im Vordergrund der wissenschaftlichen Untersuchungen standen, hat sich mittlerweile auch das Niemöl mit seinen ihm eigenen und nicht minder bemerkenswerten Fähigkeiten einen Platz erobert.

An der Universität Gießen testen Wissenschaftler mit großem Erfolg die Wirksamkeit von kaltgepreßtem Niemöl gegen Mehltau an verschiedenen Pflanzen. Dieser Pilz ist nicht nur der Feind aller Rosengärtner, er richtet alljährlich auch große wirtschaftliche Schäden beim Anbau von Nutzpflanzen an, zum Beispiel bei Wein und Gurken. Bestimmte Öle bewirken eine Immunisierung der Pflanze gegen diese Krankheit, wobei vom Niemöl mit seinen besonderen Inhaltsstoffen obendrein noch weitere fungizide, das heißt pilztötende Eigenschaften ausgehen.

Sichere wissenschaftliche Erkenntnisse liegen für die Behandlung von sogenanntem Echten Mehltau an Gurken und Äpfeln vor. Sehr wahrscheinlich ist darüber hinaus auch die Wirksamkeit von Niem gegen Mehltau an Obstbäumen und Stachelbeeren, die allerdings noch abschließend bestätigt werden muß.

Für den Einsatz muß das Niemöl zunächst stark mit Wasser verdünnt werden. Das pure Öl läßt einerseits nicht nur Schädlinge, sondern auch die zu schonenden Nützlinge verenden, andererseits verstopft es auch die Blattporen der Pflanzen, so daß sie ebenfalls ersticken können. Die ätzende Wirkung des konzentrierten Öls kann zudem zu einer Verletzung des Pflanzengewebes führen.

Öl und Wasser verbinden sich nur mit Hilfe eines Emulgators. Ein für die Pflanzenbehandlung geeigneter, besonders milder Emulgator wird aus Rizinusöl gewonnen und trägt deshalb auch den Namen Rimulgan. Im Laufe der Untersuchungen hat sich überraschend auch Natron ($NaHCO_3$), allgemein bekannt als Hausmittel gegen Sodbrennen und als wichtigster Bestandteil im Backpulver, als wirkungsvolles Pflanzenschutzmittel erwiesen. Als zusätzliche Komponente in der Emulsion verstärkt es die vom Öl allein ausgehende Wirkung noch. Nach dem Motto »Gemeinsam sind wir stärker« entwickelten die Forscher folgende Rezeptur als Mittel gegen bereits befallene Pflanzen sowie zur Prophylaxe:

Niemöl gegen Mehltau

5 g handwarmes Niemöl (kaltgepreßt)
2,5 – 5 g Rimulgan
2,5 g Natron ($NaHCO_3$)
1 l Wasser

Vermengen Sie das handwarme, flüssige Niemöl gut mit dem Emulgator. Sie können das

Niemöl zwecks einfacherer Verarbeitung im Wasserbad leicht (!) auf 30 bis 35 Grad Celsius erwärmen. Lösen Sie das Natron im Wasser. Geben Sie nun unter intensivem Rühren die wäßrige Salzlösung in kleinen Portionen zur Öl-Emulgator-Mischung, bis sich eine milchige Emulsion gebildet hat.

Vor Gebrauch das Mittel noch einmal kräftig durchschütteln. Die fertige Lotion kann sowohl mit Hilfe einer Pumpsprühflasche als auch mit einem weichen Pinsel auf die betroffenen Pflanzen aufgebracht werden. Die Behandlung sollte dann im Abstand von zehn Tagen wiederholt werden.

Das Niemöl behält seine Wirksamkeit sehr lange bei, wenn es dunkel und kühl, also am besten im Kühlschrank, aufbewahrt wird. Eine andere Möglichkeit, die Haltbarkeit zu verlängern, bietet die sofortige Herstellung der Öl-Emulgator-Mischung wie im Rezept beschrieben. Für die einzelnen Anwendungen wiegen Sie die gewünschte Menge ab, und Sie brauchen dann nur noch entsprechend Wasser und Natron zuzufügen.

Die Forscher an der Universität Gießen, unter Leitung von Dr. Bernd Steinhauer haben dieses Mehltaumittel nicht nur vorbeugend, sondern sogar gegen bereits vorhandenen Mehltau erfolgreich getestet. Bei dieser hochwirksamen Rezeptur addieren sich die Effekte der verschiedenen Wirkstoffe: Im Niemöl sind sowohl die Ölkomponente als auch die einzelnen Inhaltstoffe wirksam. Natron ergänzt die Wirkung des Öls auf den Mehltau, indem es vermutlich den Pilzen ihr »behagliches« Milieu vergällt.

Niem bei systemischer Anwendung

Neben dem Aufbringen des Niemextrakts auf die Pflanze gibt es noch eine interessante Alternative. Der Extrakt wird hierbei nicht auf die Pflanzenteile gegeben, sondern durch Gießen oder Sprühen in den Boden eingebracht. Die Wirkstoffe erreichen so die Wurzeln der Pflanzen, werden von diesen aufgenommen und verteilen sich über das Wassertransportsystem (Xylem) innerhalb der gesamten Pflanze. Bei diesem Vorgang spricht man von einer systemischen Wirkung.

Die schützende Wirkung von innen wappnet auch neu wachsende Pflanzenteile noch gegen gierige Schädlinge. Außerdem trifft die Behandlung nur die Tiere, die sich vom Grün der Pflanzen ernähren, und beispielsweise nicht die

Bienen oder andere nützliche räuberische Insekten. Darüber hinaus kann plötzlich einsetzender Regen die Wirkung von Niem nicht einfach wegwaschen.

Leider ist die Behandlung aber nicht in jedem Fall gleich wirksam, je nach Pflanzen- und Schädlingsart ergeben sich deutliche Unterschiede. Voraussetzung für den effektiven Einsatz der systemischen Anwendung sind eine ausreichende Konzentration, eine gute Aufnahme der Niemwirkstoffe und eine gleichmäßige Verteilung in der Pflanze.

Zufriedenstellende Ergebnisse sind zum Beispiel bei Weizen, Gerste und Reis, Tomaten, Baumwolle und Chrysanthemen erzielt worden. Auf die systemische Art gestärkt, blieben Blätter und Halme bzw. Stiele der Pflanzen für etwa zehn Wochen von den typischen Schädlingen verschont. Bei der Behandlung anderer Pflanzen stößt man allerdings schnell an Grenzen: Während Bohnenpflanzen den Hauptwirkstoff Azadirachtin ohne Probleme aufsaugen, geschieht dies bei der Kartoffelpflanze nicht.

Die sehr spezielle enzymatische Aktivität in einer Pflanze bestimmt den Zeitraum, in dem die Niemkomponenten aktiv bleiben. Deshalb sind weitere individuelle Tests von Pflanzenarten notwendig. Darüber hinaus übt auch der Säuregehalt des Bodens einen Einfluß auf die zeitliche Beständigkeit der Wirkstoffe aus.

Aufgrund der potentiellen toxischen Effekte auf die Pflanzen sollten nur hochgereinigte Extrakte zur systemischen Anwendung verwendet werden, was insbesondere für den Einsatz von Niemöl gilt.

Für die erfolgreiche Bekämpfung der Schädlinge ist ihre jeweilige Vorliebe für bestimmte Teile einer Pflanze ausschlaggebend, die die Niemwirkstoffe in ausreichender Konzentration enthalten müssen. Der Schutz funktioniert beispielsweise nicht bei einigen Blattlausarten, die sich nur von der äußersten Schicht des pflanzlichen Leitgewebes (Phloem) ernähren.

■ *Patentstreit um ein Naturprodukt*

Mittlerweile interessieren sich auch große Unternehmen für den Niembaum. Während die Niemforscher in der Vergangenheit häufig als alternative Spinner abgestempelt wurden, wittern manche Firmen heute beim Niem das große Geld. Für Schlagzeilen sorgte das amerikanische Unternehmen »Grace«, das bereits mehrere Patente auf Produkte des Niembaums angemeldet und erhalten hat.

Insbesondere ein Patent auf ein Pflanzenschutzmittel, in dem der Hauptwirkstoff des Niems besonders haltbar gemacht wurde, hat die Kritik von internationalen Umweltschutz- und Naturorganisationen herausgefordert. Sie befürchten (wohl nicht ganz zu Unrecht), daß »Grace« das große Geld mit Niemprodukten machen wird, während die Landwirte, die die Niembäume kultivieren, nahezu leer ausgehen.

Dieses Problem hat es in der Vergangenheit immer wieder gegeben. Arme Länder der sogenannten »Dritten Welt« werden von westlichen Industrienationen als billige Rohstoffquelle ausgebeutet. Zwar soll »Grace« zur Zeit gute Preise für Niemsamen zahlen, doch viele Bauern liefern bereits ihre letzten Niemsamen in die USA. Für den Markt in ihrem eigenen Land bleibt dann nichts mehr übrig. Hier werden daher weiterhin die chemisch-synthetischen Insektizide verwendet. Außerdem machen sich die Niembauern so von einem einzigen Unternehmen abhängig, das dann zu gegebener Zeit die Preise diktieren kann.

Zwar gibt es im noch jungen Niemhandel noch keine TransFair-Initiative, wie sie beispielsweise für den Kaffeehandel besteht. Allerdings versuchen verantwortungsbewußte Niemhändler zur Zeit, ihre Märkte zu streuen, um kein Land von Niem leerzukaufen, und sie legen auch Wert auf eine für alle Seiten akzeptable Preisgestaltung.

Die angesprochene Patentierung dürfte übrigens auf den Welthandel insofern keinen Einfluß nehmen, als sich glücklicherweise weder der Niembaum noch seine Samen und Blätter (noch nicht) patentieren lassen. Das Patent bezieht sich lediglich auf eine spezielle Verarbeitungsform, die von der Firma »Grace« betrieben wird.

■ *Konflikt mit dem Pflanzenschutzgesetz*

Bisher gibt es in Deutschland keine fertigen Pflanzenschutzmittel auf Niembasis zu kaufen. Niemsamen werden als ganze Samen und in gemahlener Form nach Deutschland exportiert und hier als Rohstoff für Kosmetika, zur Ungezieferbekämpfung und für Tierpflegemittel angeboten. Das gleiche gilt für Niemblätter und Niemöl.

Natürlich können diese Niemprodukte zur Pflanzenbehandlung verwendet werden, doch eine Zulassung für den Pflanzenschutz besitzen sie nicht. Zwar sind Niemextrakte als Pflanzenschutzmittel in den USA schon zugelassen und auch erhältlich, doch in der Bundesrepublik läuft zur Zeit noch das Zulassungsverfahren.

Nachdem in der Vergangenheit bekannt wurde, welche Gefahren von chemisch-synthetischen Pestiziden und Unkrautvernichtungsmitteln ausgehen können, hat man sich in Deutschland auf ein sehr strenges Pflanzenschutzgesetz geeinigt. Jeder Wirkstoff eines Pflanzenschutzmittels muß in seiner Wirkung und in seiner vorhandenen Konzentration genau bekannt sein. Solche Forderungen lassen sich mit einem chemisch-synthetischen Mittel relativ leicht erfüllen, bei einem Naturprodukt sind diese Angaben jedoch kaum zu machen. Je nach Standort, Witterungslage und Klima schwankt die Zusammensetzung der Wirkstoffe in der jeweiligen Pflanze.

Naturstoffe sind auch wegen ihrer Vergänglichkeit nicht besonders gut für eine Standardisierung geeignet. Bei industriellen Produkten muß Niem, wie bereits in den USA geschehen, durch eine spezielle Verarbeitung nämlich standardisiert und haltbar gemacht werden. Dadurch wird der Hauptwirkstoff so verändert, daß er ausschließlich beständige Abbauprodukte liefert. Das ist zwar für die Umwelt weniger wünschenswert, für die Behörden jedoch die notwendige Voraussetzung für eine Zulassung. Die ökologischen Eigenschaften des Naturstoffs werden also verschlechtert, um den Anforderungen der Zulassung zu entsprechen.

Hinzu kommt, daß bisher längst nicht alle Niemwirkstoffe bekannt sind. Die Frage, welche Stoffe zu standardisieren sind, um dann in das Pflanzenschutzmittel zu gelangen, ist also längst noch nicht endgültig beantwortet. Die Forschung auf diesem Gebiet ist in vollem Gange. Zur Zeit versuchen deutsche Wissenschaftler, Niemprodukte zu standardisieren, also Niempräparate mit streng definierten Wirkstoffkonzentrationen herzustellen. Diese Produkte sind in ihrer Herstellung aufwendig, doch sie haben die Chance, für den deutschen Markt eine Zulassung zu erhalten. Die hierzulande erhältlichen Niemsamen, Niemblätter und das Niemöl dürfen die Bezeichnung »Pflanzenschutzmittel« nicht tragen. Dennoch bestehen keinerlei Bedenken gegen ihre Anwendung, sie sind für den Menschen ungefährlich (vgl. Seite 68ff.).

Niem als Gesundheitsspender

■ Niem und die Fliegen

Fliegen können für Mensch und Tier zu einer enormen Plage und sogar zu einer ernsten Gefahr werden, wenn sie nämlich infektiöse Krankheitserreger übertragen. Gerade die armen Länder unserer Erde, in denen meist ein tropisches Klima herrscht, sind von ganzen Fliegeninvasionen übervölkert, die sich auf Tieren und Menschen niederlassen und kaum zu verscheuchen sind.

Manche dieser Fliegen liefen zuvor auf Kadavern oder Kot herum, und Reste davon kleben für den Menschen unsichtbar immer noch an den Beinen der Fliegen. Mit diesem Dreck werden auch Bakterien und Viren transportiert, die sowohl Schleimhautentzündungen als auch Infektionskrankheiten auslösen können. Nicht nur Menschen, sondern auch viele Nutztiere

sind die Opfer so übertragener Krankheiten. Da der Zusammenhang zwischen Fliegen, mangelnder Hygiene und solchen Infektionen bekannt ist, verwenden viele Länder der sogenannten »Dritten Welt« chemisch-synthetische Insektizide zur Fliegenbekämpfung.

Da Niem vielfältige Wirkungsweisen auf Schadinsekten zeigt, könnten diese Bäume auch im Rahmen der Fliegenbekämpfung eine Rolle spielen. Der Biologe Max Ondongo aus Brazzaville/Kongo erforscht im Rahmen seiner Doktorarbeit, inwieweit Fliegen durch Niemwirkstoffe bekämpft und dezimiert werden können. Am Institut für Angewandte Zoologie der Universität Bonn arbeitet er mit zwei Fliegenarten, nämlich der Goldfliege (*Lucilia cuprina*) und dem Wadenstecher (*Stomoxys calcitrans*).

Die Goldfliege macht ihrem Namen in ihrer Heimat, Australien und Südafrika, keine Ehre: Sie ist ein gefürchteter Parasit bei Schafen. Die Weibchen legen ihre Eier auf die Nase der Tiere, in die Geschlechtsöffnungen und an mit Urin und Fäkalien verunreinigte Hautpartien. Die schlüpfenden Maden bohren sich sofort in die Haut der Schafe und verursachen hier empfindliche Wunden. Mit speziellen Enzymen können sie das Gewebe der Schafe an den betroffenen Stellen regelrecht auflösen.

Bis zu 500 Larven parasitieren oft gleichzeitig an einem Schaf, und eine einzige Fliege kann allein bis zu 140 Eier legen. Die Fliegenlarven setzen die Schafe zunächst unter erheblichen Streß. Meist folgen der Madeninvasion dann Entzündungen, die mit hohem Fieber einhergehen. In vielen Fällen sterben die Schafe an solchen Infektionen.

Laborversuche in Bonn zeigten nun, daß wäßrige Niemsamenextrakte die Fruchtbarkeit der Weibchen stark herabsetzen, oft legten die behandelten Fliegen überhaupt keine Eier mehr ab. Darüber hinaus zeigte sich, daß die einmalige Aufnahme des wäßrigen Niemextrakts schon nach drei Stunden die Flugfähigkeit irreversibel schädigt. Die Fliegen können sich erst gar nicht mehr in die Luft erheben.

Niemöl hatte dagegen eine drastische Auswirkung auf die Fliegeneier: Aus keinem der behandelten Eier schlüpfte noch eine Fliegenlarve. Junge Fliegenlarven reagieren extrem empfindlich auf das Öl, sie sterben innerhalb von drei Stunden.

Natürlich sind dies Laborergebnisse, die sich nicht ohne weiteres auf das Freiland übertragen lassen. Dort wird der Kontakt zwischen Niem und Insektenei bzw. Larve vielleicht nicht so gezielt ausfallen. Außerdem müssen weibliche Fliegen mit einem Köder zu der Niemmahlzeit »ermuntert« werden. Zuckerköder haben hier im Labor bereist erste Erfolge gezeigt.

Auch die zweite Fliegenart, der Wadenstecher, reagiert empfindlich auf die Niemwirkstoffe. Sowohl männliche als auch weibliche Tiere raspeln an der Haut ihrer Opfer und trinken ihr Blut. In der Regel werden Tiere von den hungrigen Insekten angegriffen, in Einzelfällen sind es jedoch auch Menschen. Auch hier werden bei der Blutmahlzeit durch die Fliegen Krankheitserreger übertragen. Die ersten Versuche mit Niem an Wadenstechern sind erfolgversprechend.

Doch die Goldfliege und der Wadenstecher sind nur Modelltiere. Der junge Afrikaner hofft, mit Niem auch noch eine ganze Reihe anderer Fliegenarten in seiner Heimat bekämpfen zu können. Wie das geschehen soll, davon hat er bereits eine ganz konkrete Vorstellung: Der Schlüssel hierfür liegt bei den Toiletten.

Höchstens 30 Prozent der Kongolesen verfügen über moderne Klosetts mit Wasserspülung, die an einen Abwasserkanal angeschlossen sind.

Der restliche Teil der Bevölkerung benutzt für die Fäkalienentsorgung eine Art riesiges Loch unter dem Haus. Dieser Raum ist relativ groß, in der Regel nimmt er eine Fläche von drei bis vier Quadratmetern ein und ist dabei etwa zehn Meter tief.

Ungefähr alle drei Jahre wird der stinkende Inhalt dieser Jauchegrube abgepumpt. In der Zwischenzeit ist die Kloake Tummelplatz für ein ganzes Sammelsurium von Schmeißfliegen und anderen Schädlingen. In den Fäkalien leben Milliarden von Larven, die später als infektionsübertragende Fliegen durch die Toilettenöffnung ausschwärmen. Hier sitzt also eine zentrale Quelle für die Fliegeninvasionen in diesem Land.

Niem zur Toilettenhygiene

Mit Niemextrakt könnten diese unterirdischen Fliegenbrutstätten ideal behandelt werden. Denkbar wäre es, regelmäßig wäßrige Niemlösung, gegebenenfalls auch Niemöl, in die Kloaken zu geben. Die schlüpfenden Schmeißfliegen könnten darüber hinaus mit Niemködern »behandelt« werden. Auf diesem Weg ließe sich wahrscheinlich die Populationsdichte der Fliegen im Kongo drastisch verringern.

Doch noch ist es nicht soweit. Max Ondongo sammelt zur Zeit weitere Daten, die seine Strategie erhärten sollen. Dann, so hofft er, lassen sich vielleicht die Politiker in diesem afrikanischen Land von der Idee der Fliegenbekämpfung mit Niem überzeugen. Ohne deren politische wie finanzielle Unterstützung ist eine Realisation dieser Idee schlicht nicht möglich.

Bisher setzen die Offiziellen allerdings noch auf Chemie. Vielleicht liegt das daran, daß sie von den Anwendungsmöglichkeiten des Niembaums noch nichts wissen. Obwohl der Niembaum im Kongo sehr wohl gedeihen kann, ist er hier nämlich noch weitgehend unbekannt. Deshalb hat auch Max Ondongo das erste Mal in Deutschland vom Niembaum gehört.

■ Unschädlich für den Menschen

Mit der Entwicklung und schnellen Ausbreitung der synthetischen Insektizide sind die natürlichen Schädlingsbekämpfungsmittel leider mehr und mehr in Vergessenheit geraten. Vielleicht kennen Sie noch früher übliche Hausmittel wie Tabakbrühe oder Brennesselsud, die heute bei biologisch interessierten Menschen eine Renaissance erleben und beispielsweise gegen Blattläuse eingesetzt werden.

Das Wissen um die Nützlichkeit zum Beispiel bestimmter Chrysanthemenarten für den Pflanzenschutz geht bis in die Perserzeit zurück. Bereits vor 2400 Jahren gewannen die Perser aus Chrysanthemenblüten besondere insektizide Wirkstoffe, die sogenannten Pyrethrine. Heute stehen uns bereits fertige Pyrethrum-Extrakte aus dem landwirtschaftlichen Chrysanthemenanbau für den biologischen Pflanzenschutz zur Verfügung.

Mit der modernen Nutzung der chemisch-synthetischen Insektizide in Land- und Forstwirtschaft, Wein- und Gartenbau haben sich für die Umwelt und den Menschen über die Jahrzehnte schlimme Folgen eingestellt. Die Persistenz, das heißt das langanhaltende Verbleiben in der ursprünglichen chemischen Form, vor allem von hochchlorierten Verbindungen, in der Umwelt ist zum Teil enorm. In der langen Zwischenzeit können sie mit dem Regen in die Gewässer gelangen oder bleiben als Rückstände auf den Pflanzen – und erreichen damit über die Nahrungskette viele andere Lebewesen. Diese giftigen Rückstände reichern sich dann insbesondere im Fettgewebe von Tieren an – und schließlich auch im Menschen.

Ein ideales natürliches Insektizid sollte bei der Herstellung und Anwendung keine unerwünschten Nebenwirkungen haben, für den Menschen toxikologisch unbedenklich sein und rasch zu natürlichen Substanzen abgebaut werden. Viele der heute eingesetzten Pestizide erfüllen diese Forderungen trotz ständiger Verbesserungen aber nur unvollständig.

Die Niemwirkstoffe besitzen keine Ähnlichkeit mit solchen synthetischen Insektiziden, denn sie enthalten keine giftigen Chlorverbindungen oder ähnliches. Sie sind lediglich aus Kohlenstoff, Wasserstoff und Sauerstoff aufgebaut und deshalb im Freiland leicht, das heißt innerhalb weniger Tage, abbaubar. Da sich das Körpersystem der Wirbeltiere so grundsätzlich von dem der Insekten unterscheidet, ist Niem zwar hochtoxisch für Insekten, dagegen aber nicht für Wirbeltiere und auch den Menschen. Diese Tatsache wird durch Beobachtungen in der Natur und inzwischen auch durch experimentelle wissenschaftliche Untersuchungen belegt.

So ernähren sich manche Vögel und Fledermäuse vom Fruchtfleisch der Niemfrüchte. In einigen Gegenden, wie der Akkra-Ebene in Ghana, ist Niem für diese Tiere aus Mangel an anderen Gewächsen sogar zur einzigen Nahrungsquelle geworden. Krankhafte Veränderungen bei diesen Tieren sind allerdings nicht bekannt.

Inder schützen ihre Getreidevorräte seit Jahrhunderten mit Niemblättern oder Niemöl vor Schädlingsbefall. Schon Generationen von Menschen haben hier mit der Nahrung auch eine tägliche Dosis von Niemsubstanzen zu sich genommen, die augenscheinlich keine negativen Konsequenzen hatten.

Erste Tierversuche an Ratten führten bei äußerlicher Anwendung von Niemextrakten zu keinerlei Befunden im untersuchten Blut der Tiere. Und ebenso lieferten in Deutschland durchgeführte toxikologische Untersuchungen von Niemöl aus handverlesenen, einwandfreien Samen keine kritischen Ergebnisse. Grundlage dieser wissenschaftlichen Studien war eine Dosis von fünf Gramm Niemöl pro Kilogramm Körpergewicht, die in das Futter von Ratten und Kaninchen gemischt wurde.

Ein schneller Test für das Aufspüren mutagener, möglicherweise krebserregender Eigenschaften von Substanzen ist der sogenannte Ames-Test, benannt nach einem amerikanischen Biochemiker. Wegen seines vergleichsweise einfachen experimentellen Aufbaus ist dieser Test zu einem Standardverfahren für Mutagenitätsprüfungen geworden. Da 90 Prozent aller mutationsauslösenden Stoffe in höheren Organismen und auch beim Menschen gleichzeitig als Krebsauslöser wirken können, gibt der Test indirekt auch Auskunft über die kanzerogene Wirkung einer Substanz.

Die Testsubstanzen werden mit Hilfe eines Bakteriums, *Salmonella typhimurium*, untersucht, das eine besonders hohe Aufnahmefähigkeit für die verschiedensten Stoffe besitzt. Außerdem werden die Bakterien mit einem defekten Reparaturmechanismus ihres Erbmaterials ausgestattet, so daß auch geringfügig mutagene Wirkungen festgestellt werden können. Für Niemextrakt und auch für Niemöl ergaben sich beim Ames-Test keine mutagenen Wirkungen.

Im Widerspruch zu diesen Ergebnissen stehen allerdings Berichte aus Westafrika über Nierenschädigungen, die nach dem Genuß von hochkonzentrierten Niemtee-Extrakten auftraten. Zudem existieren Aufzeichnungen von ernsthaften Erkrankungen bei Kindern in Malaysia, in deren Folge es auch zu Todesfällen gekommen ist.

Eine wissenschaftliche Studie beschäftigte sich deshalb näher mit der in einigen Ländern üblichen Gabe von Niemöl schon an Kleinkinder und bestätigte das Auftreten von toxischen Wirkungen: Nehmen Kinder unter vier Jahren täglich zwischen fünf und 30 Milliliter Niemöl ein, dann treten Symptome auf, die dem sogenannten Reyes-Syndrom ähneln: Das Gehirn schwillt an, ebenso die Leber und andere innere Organe.

Möglicherweise könnten verpilzte Samen die Auslöser für solche bedrohlichen Erkrankungen gewesen sein. Die von den Pilzen produzierten Substanzen, sogenannte Mykotoxine, sind für den Menschen oft giftig und lösen ähnliche Krankheiten aus.

Bis die wirklichen Ursachen für das Auftreten krankhafter Veränderungen geklärt sind, muß deshalb **strikt auf die innere Anwendung von Niemöl und Niemextrakten verzichtet** werden. Den vielfältigen äußeren Anwendungen des Niems steht jedoch nichts entgegen. Die medizinischen und kosmetischen Niemprodukte sowie die Zahnhygienemittel mit Niemsubstanzen sind eine echte Bereicherung – ihren Einsatz kann man bedenkenlos empfehlen.

■ *Medizinische Anwendung*

Der Wunderbaum der indischen Mythologie gilt als Gesundheitsspender für Pflanzen, Tiere und Menschen. Millionen Inder schwören auf die Wirksamkeit der Niemsubstanzen, wobei jeder einzelne Baumbestandteil, von den Blättern bis hin zu den Wurzeln, auf irgendeine Weise Verwendung findet.

Schon 1500 Jahre alte Sanskrit-Schriften erwähnen die gesundheitsfördernde Wirkung der Früchte, der Samen, des Öls, der Blätter, der Wurzeln und der Rinde des Niembaums. Aufgrund seiner Bedeutung im Ayurveda wird Niem seit über 1000 Jahren von Millionen Menschen in Asien medizinisch genutzt. Es gibt Aufzeichnungen darüber, daß Niem bei Magenbeschwerden, zum Beispiel bei Magengeschwüren, Linderung bringt, ebenso wie bei Muskelverspannungen und vielen anderen Leiden.

Mückenstiche oder Hautverletzungen werden mit aufgelegten Niemblättern oder Niemsud behandelt. Gegen Fieber und Magen-Darm-Beschwerden wird Niemblättertee verabreicht (vgl. Seite 48). Niem wirkt desinfizierend, entzündungshemmend und fiebersenkend und soll sogar bei akuten Malariaschüben, bei Schlafkrankheit und Gelbsucht, ja sogar bei AIDS den Verlauf der Krankheit günstig beeinflussen.

Wissenschaftlich bewiesen ist davon allerdings noch nichts, jedoch wenden sich die Forscher auch in dieser Hinsicht verstärkt dem Niembaum und seinen Wirkstoffen zu. So testen Wissenschaftler zur Zeit die fungiziden, antibakteriellen und virushemmenden Eigenschaften des Niems. Erste Studien belegen seine Wirksamkeit gegen bestimmte Pilze, die sich zum Beispiel an Haaren (Trichophyton), Haut und Fingernägeln (Epidermophyton) oder in der Vagina (Candida) ansiedeln.

Niem gegen Hautkrankheiten

Veronika Seher, Mitarbeiterin des Niemprojekts in Dabajuro/Venezuela (vgl. Seite 28 ff.) hat einige Rezepte gegen Pilze und Hautinfektionen entwickelt, die bereits seit längerer Zeit bei den Mitarbeitern und auch bei der Bevölkerung von Dabajuro erfolgreich angewendet werden. Die Biologin hat uns diese Rezepte zur Verfügung gestellt. Bei den Kosmetikrohstoffen haben wir leichte Veränderungen vorgenommen: Die in Venezuela erhältlichen, leider

relativ aggressiven Grundstoffe haben wir durch viel mildere Substanzen ersetzt. Die Wirksamkeit der Zusammenstellungen bleibt dadurch aber unangetastet.

Niemsalbe gegen Hautpilze, kleine Wunden und Schwellungen

(Menge für ca. 100 g Creme)
8 g Cetylalkohol
8 g Glycerin
3 g Zetesol
10 Tr. Palmarosaöl (*Cymbopogon martinii*)
1 Meßl. Xanthan
4 g Niemöl
4 g Avocado- oder Mandelöl
5 g Niemblätter (fein gemahlen)
5 g Niemsamen (fein gemahlen)
50 g abgekochtes Wasser o. Aqua dest. bzw. Aqua dem.
1 Msp. Vit.-E-natürlich

Den Cetylalkohol mit dem Niemöl und dem Avocadoöl bzw. Mandelöl im Wasserbad schmelzen. In einem zweiten Gefäß das Wasser mit dem Niemsamen- und Niemblättermehl verrühren, Glycerin und Zetesol hinzufügen und unter Rühren erwärmen. Anschließend das

Xanthan einstreuen und die Masse rühren, bis sie andickt. Zu dieser Mischung nun langsam das geschmolzene Öl geben und alles gut vermengen. Zum Schluß, wenn die Salbe abgekühlt ist, geben Sie noch das Palmarosaöl und das Vitamin-E-natürlich hinzu.

In dieser Creme kommen wirklich fast sämtliche Niemwirkstoffe zum Einsatz, weil hier die Niemsamen, die Blätter und das Öl kombiniert werden. Deshalb hat diese Creme auch eine besonders weitgefächerte Wirkung. Ergänzt wird diese noch durch das Palmarosaöl, das gegen Viren wirkt und zudem einen ausgesprochen attraktiven Duft hat, der den typischen Niemgeruch weitgehend überlagert. Xanthan bewirkt die angenehm cremige Konsistenz dieser Wasser-in-Öl-Emulsion. Vitamin E konserviert die Mischung.

Auch das folgende Rezept gegen Nagelpilze stammt von Veronica Seher. Leider lassen sich hier die Grundstoffe nicht gegen sanfte Substanzen austauschen, da Nagellack nur mit organischen Lösungsmitteln verdünnt werden kann. Mit der Wahl von Nagellackentferner oder Aceton ist deshalb eine Art »fauler« Kompromiß geschlossen: Sie gehören wohl zu den harmloseren organischen Lösungsmitteln, sind aber dennoch keineswegs gesundheitsförderlich. Stellen Sie die Niemlösung deshalb nur im Freien her und decken Sie die Gefäße gut ab. Achten Sie darauf, daß Sie keine Dämpfe einatmen. Der Niemnagellack ist trotz dieser Einschränkungen ein gut wirksames Mittel gegen hartnäckige Nagelpilze an Hand und Fuß.

Niemnagellack gegen Nagelpilze

15 g Niemblätter (zerstoßen)
1 Tr. Teebaumöl (*Melaleuca alternifolia*)
5 g Niemsamen (gemahlen)
100 ml Nagellackentferner (oder Aceton)
1 Fläschchen Nagellack

Die zerstoßenen Niemblätter und den Niemsamen mit dem Nagellackentferner bedecken und einen Tag ziehen lassen. Danach durch Filterpapier abfiltrieren und mit dem Nagellack mindestens im Verhältnis 1:1 mischen.

Säubern Sie die Fingernägel vor der Behandlung und rauhen Sie die Nägel mit etwas Nagelfeilpapier auf (jedesmal ein neues Stück verwenden!). Anschließend den Nagellack mehrmals auftragen. Benutzen Sie den Nagellack so lange, bis die Nagelpilze verschwunden sind.

In Laborversuchen zeigte sich, daß Niemöl auch antibakterielle Eigenschaften hat. So ließ sich das Bakterium *Staphylococcus aureus* bekämpfen, das ein gefürchteter Verursacher von Nahrungsmittelvergiftungen sowie von Furunkeln und Abzessen ist. Experimente deutscher Wissenschaftler belegen darüber hinaus, daß ein Niemsamenauszug mit Ethanol erfolgreich gegen Herpes-Viren wirkt. Aufgrund der desinfizierenden und hautpflegenden Eigenschaften hat Veronika Seher das folgende Rezept für eine Haushalts- und Badeseife entwickelt:

Niemseife
100 g Niemblättertinktur (vgl. Seite 77)
10 ml Niemöl
1 Seife (cremige Badeseife)
50 ml Face-Tensid
10 g (1 EL) Salz
5 g Parfümöl nach Wahl (z. B. Rosenöl, Palmarosaöl, Blutorangenöl, Zedernholzöl)

Die Seife fein reiben und in einem Topf mit der Niemblättertinktur langsam unter Rühren schmelzen. Das Face-Tensid und das Salz dazugeben, rühren und erkalten lassen. Wenn die Masse nicht mehr so heiß ist (ca. 40 Grad Celsius), das Niemöl und das Parfümöl dazugeben. Sie können die Seife nun zu einer Badekugel kneten oder in eine Form füllen und darin erkalten lassen.

Niem gegen Schmerzen
Da Niemwirkstoffe einen positiven Einfluß auf Muskelbeschwerden zeigen, hat Veronika Seher diese Niemeigenschaft zum Anlaß für ihr Kompressenrezept genommen. In Kombination mit den Hibiskusblüten ist die Kompresse auch bei Kopfschmerzen wirksam.

Niemkompresse gegen Muskel- und Kopfschmerzen
10 g Niemblätter
10 g Hibiskusblüten
200 ml Wasser

Niemblätter und Hibiskusblüten mit dem kochenden Wasser übergießen und eine halbe Stunde ziehen lassen. Gießen Sie den Sud durch ein Küchensieb und tauchen Sie ein kleines Handtuch in die Flüssigkeit, bis es vollgesogen ist. Für Muskelumschläge empfiehlt sich eine warme bis heiße Kompresse, für Nacken- und

Stirnkompressen gegen Kopfschmerzen dagegen kalte Wickel. Dazu können Sie die Flüssigkeit im Kühlschrank kühlen.

Niem gegen Ungeziefer

Niemwirkstoffe werden schon seit längerer Zeit gegen Tierparasiten eingesetzt. Dabei gibt es neben der inneren (vgl. Seite 71 f.) auch eine äußere Anwendung. Natürlich beschränkt sich diese keineswegs nur auf Tiere, sondern auch wir Menschen können von der Niemwirkung auf die sogenannten Ektoparasiten profitieren.

Läuse, Flöhe und Krätzmilben gehören keineswegs der Vergangenheit an. In Kindergärten können sich diese Schmarotzer zu einer wahren Plage entwickeln. In einem Großversuch in Chile gelang es 1995, einen Kindergarten, der sonst häufig von den Parasiten heimgesucht wurde, völlig schädlingsfrei zu halten. Die Kinder haben sich im Rahmen des Projekts regelmäßig mit Niemshampoo die Haare gewaschen.

Hier das Rezept unseres Niemshampoos:

Niemshampoo gegen Ungeziefer
10 g Niemblätter (gut zerstoßen)
10 Tr. Teebaumöl
5 Tr. Zitronenöl (*Citrus limon*)

100 ml lauwarmes Wasser o. Aqua dest. bzw. Aqua dem.
70 ml Face-Tensid
1 Meßl. Haarquat
10 g Rewoderm HT (für die Konsistenz)

Die zerstoßenen Niemblätter mit lauwarmem Wasser versetzen und unter häufigem Rühren drei Stunden stehen lassen, dann durch ein Sieb geben. Das Face-Tensid wird mit dem Haarquat, das eine antielektrische Wirkung hat, verrührt. Hinzu kommt die fertige Niemlösung.

Damit sich das Shampoo gut verteilen läßt, werden der Mischung zunächst noch etwa zehn Gramm Rewoderm zugesetzt. Dann erst die ätherischen Öle hinzugeben: zur Desinfektion zehn Tropfen Teebaumöl und für den guten

Das Niemshampoo gegen Ungeziefer bei Mensch und Tier gibt es wie in Venezuela hoffentlich bald auch hierzulande bereits fertig zu kaufen.

Duft fünf Tropfen Zitronenöl. Das Shampoo sollte eine angenehme, leicht dickflüssige Konsistenz haben. Benutzen Sie das Ungeziefershampoo wie normales Haarshampoo.

Gerade Krätzmilben sind in der Regel auf beziehungsweise in der Haut zu finden. Veronika Seher hat auch dafür eine äußerst wirkungsvolle Rezeptur entwickelt. Mit dem Niemkontroller haben Sie sogar ein angenehm duftendes Mittel gegen Krätze.

Niemkontroller gegen Milben und Läuse

25 ml Niemblättertinktur
75 ml abgekochtes Wasser o. Aqua dest. bzw. Aqua dem.
2 Meßl. Xanthan
10 Tr. Paraben K

Das Xanthan in das Wasser einstreuen und rühren, bis ein dickliches Gel entsteht. Anschließend die Niemblättertinktur in das Gel einrühren und mit Paraben konservieren. Reiben Sie Ihren ganzen Körper mit dem Kontroller ein.

Niem gegen Mückenstiche

Da auch die lästigen Mücken, die uns im Sommer oder im Urlaub plagen, vor den Niemwirkstoffen zurückschrecken, schlagen wir Ihnen zwei Repellents mit Niemöl vor: Ein sehr einfaches, das schnell hergestellt ist, und ein etwas aufwendigeres mit zusätzlichen ätherischen Wirkstoffen.

Repellents sind Mittel zur Abschreckung und zum Fernhalten von Schädlingen, ohne daß diese getötet werden. Haben die Mücken schon zugeschlagen, erweisen sich die antiseptischen und entzündungshemmenden Eigenschaften des Niems als sehr wertvoll. Die Wirkstoffe aus den Niemblättern werden mit Hilfe eines alkoholischen Extrakts in ein Gel eingearbeitet, das Sie dann auf die juckenden Hautstellen auftragen können.

Schnelles Niemrepellent

2 g Niemöl
100 g Kokosöl
evtl. 20 Tr. Lavendelöl (*Lavandula angustifolia*)
evtl. 20 Tr. Palmarosaöl

Das feste Kokosöl im Wasserbad leicht erwärmen, bis es flüssig ist. Das Niemöl einrühren und das Ganze erkalten lassen, dann bei Bedarf die ätherischen Öle zufügen. Da dieses Mittel sehr fettig ist, empfiehlt es sich, nur die freiliegenden Körperpartien damit einzureiben.

Niemrepellent auf Cremaba-Basis

50 g Cremaba
20 Tr. Tomatengrün-Aroma
10 Tr. Eukalyptusöl (*E. citriodora*)
10 Tr. Palmarosa
1 Meßl. Niemblättertinktur
20 ml abgekochtes Wasser o. Aqua dest. bzw. Aqua dem.
10 Tr. Paraben K

Vermengen Sie die ätherischen Öle und die Niemblättertinktur mit der Cremaba, anschließend geben Sie das Wasser hinzu. Nun gut durchrühren und mit Paraben K konservieren. Cremaba ist eine fertige Basiscreme, die Sie in den unter den Bezugsquellen genannten Läden erhalten.

Tomatengrün ist ein synthetisches Produkt, das im Gegensatz zum Naturprodukt kein giftiges Solanin enthält. Sein Geruch entspricht dem von Tomatenblättern. Der Tomaten-pflanze wird eine bestechende Wirkung gegen Mücken nachgesagt.

Die in den Rezepten aufgeführte Niemblättertinktur wird aus Niemblättern und Alkohol hergestellt:

Niemblättertinktur

25 g Niemblätter
100 ml Alkohol (70 %)

Die Niemblätter zerstoßen oder zermahlen und mit dem Alkohol aufgießen. Das Ganze maximal eine Woche ziehen lassen und abfiltrieren.

Kühlendes Mückengel mit Niem

20 Tr. Niemblättertinktur
18 Tr. Meristemextrakt
10 ml Hamameliswasser
½ Meßl. Menthol
1 Tr. Strohblumenöl (*Helichrysum italicum*)
1 Meßl. Xanthan
30 ml abgekochtes Wasser o. Aqua dest. bzw. Aqua dem.
1 Meßl. Lösungsvermittler LV 41

Die Niemblättertinktur und den Meristemextrakt in das Hamameliswasser tropfen, dann das Menthol und das Strohblumenöl unterrühren. Anschließend fügen Sie das Xanthan hinzu und rühren die Masse, bis sie dicklich wird. Zuletzt geben Sie das Wasser und den Lösungsvermittler hinzu und rühren alles gut durch.

Geben Sie das Gel so schnell wie möglich nach dem Mückenstich auf die Einstichstelle. Das Strohblumenöl bewirkt eine rasche Abschwellung und ergänzt sehr gut die Wirkung des kühlenden Menthols. Das Gel kann auch Linderung bei Wespen- und Bienenstichen spenden, wegen der Allergiegefahr dieser Insektenstiche sollten Sie jedoch in jedem Fall einen Arzt aufsuchen.

Niem-Mückengel mit Teebaumöl

10 Tr. Teebaumöl
1 Tr. Strohblumenöl
1 Meßl. Xanthan
20 Tr. Niemblättertinktur (s. o.)
18 Tr. Meristemextrakt
10 ml Hamameliswasser
30 ml abgekochtes Wasser o. Aqua dest. bzw. Aqua dem.
1 Meßl. Lösungsvermittler LV 41

Teebaumöl und Strohblumenöl mit Xanthan mischen, bis die Masse klümpchenfrei ist. Dann fügen Sie das Wasser, das Hamameliswasser, die Niemblättertinktur und den Meristemextrakt hinzu. Zur Verbindung der wäßrigen und öligen Phase geben Sie noch den Lösungsvermittler LV 41 dazu.

Das Gel kann wie das kühlende Mückengel angewendet werden, ist aber milder und deshalb besonders gut für Kinder geeignet.

Familienplanung mit Niem

Eine bisher noch nicht abzuschätzende Bedeutung kommt Niem auch als empfängnisverhütendes Mittel zu. Nachdem sich indische Wissenschaftler mit der spermienabtötenden Wirkung beim Niemöl beschäftigt haben, wurde eine Ölmischung an Familien von Soldaten der indischen Armee verteilt, um das Mittel zu testen. Die Erfolge waren so überzeugend, daß das Präparat dort inzwischen als »Sensal« offiziell im Handel ist.

Auch den Niemblättern wird eine empfängnisverhütende Wirkung nachgesagt. So kauen in Madagaskar viele Frauen täglich eine Handvoll Niemblätter, was nach deren Angaben eine Schwangerschaft verhindert. Bei ungewollten

Schwangerschaften soll sich mit Niem sogar ein Abort bewirken lassen.

Diese Wirkungen des Niembaums sind bisher wissenschaftlich nicht hinreichend untersucht, sie zeigen aber, welche weitreichenden und gegebenenfalls auch gefährlichen Konsequenzen Niemwirkstoffe bei einer inneren Anwendung haben können, wenn zu hohe Konzentrationen angewendet werden. Eine innere Einnahme setzt die Verfügbarkeit einwandfrei geprüfter, standardisierter Produkte voraus, die bisher aber noch nicht gegeben ist. Gegen eine äußere Anwendung von Niempräparaten bestehen dagegen keinerlei Bedenken.

Kosmetik

In Indien gehört Niem schon lange zur Schönheitspflege. Niemprodukte werden bei der Herstellung von Körperpflegemitteln aller Art, zum Beispiel Seifen, Hautlotionen, Nagelölen und Cremes angewendet. Auch hierzulande finden sich erste Niemkosmetika in Bio- und Alternativläden. Wir haben in unseren Rezeptvorschlägen für die tägliche Hygiene und Schönheitspflege kaltgepreßtes Niemöl eingesetzt.

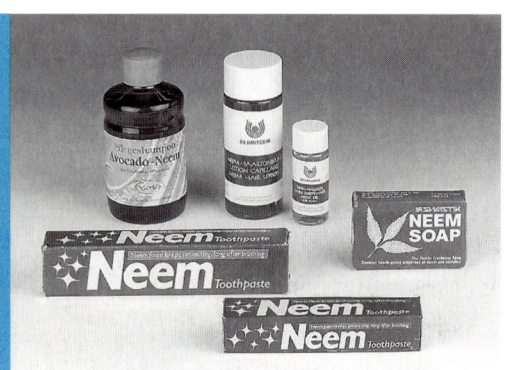

Ob als Shampoo, Haartonikum, Seife oder Zahncreme – die antibakteriellen und pflegenden Eigenschaften der Niemwirkstoffe werden auch bei uns bereits in vielen Pflegemitteln genutzt.

■ Niem fürs Gesicht

Haut- und Pflegecreme

Zunächst wird die sogenannte Fettphase hergestellt, aus der Sie durch Beimischen von Wasser eine Creme anrühren.

Fettphase (60 ml)
15 g Lamecreme
15 ml Mandelöl
5 ml Niemöl
10 ml Avocadoöl oder Haselnußöl
5 g Kakaobutter
10 g Sheabutter

Alle Zutaten in ein feuerfestes Becherglas oder einen Kochtopf geben und unter Rühren bei niedriger Temperatur (bis höchstens 70 Grad Celsius) langsam einschmelzen. Zur Herstellung der fertigen Creme nehmen Sie jeweils zehn Milliliter bzw. Gramm ab. Der Rest wird in einem verschließbaren Gefäß, zum Beispiel einem Marmeladenglas, im Kühlschrank aufbewahrt und hält sich so bis zu vier Monaten.

Herstellung der fertigen Creme (30–35 g)
10 ml Fettphase
20–25 ml abgekochtes Wasser o. Aqua dest. bzw. Aqua dem.

Geben Sie bei ca. 60 Grad Celsius das Wasser unter Rühren in die Fettphase (nie umgekehrt!). Füllen Sie die Masse in ein verschließbares Gefäß und schütteln Sie das Ganze gut durch – fertig ist die Basiscreme. Hat sich die Creme auf Handwärme abgekühlt, rühren Sie noch die folgenden Pflege- und Konservierungsstoffe unter. Diese originelle Niemcreme hält sich damit etwa drei Monate.

Wirkstoffe für 30–35 ml Creme

3 Tr. Alpha-Bisabolol
1 Msp. Allantoin
5 Tr. Vit.-E-natürlich
4 Tr. Paraben K
evtl. 3–5 Tr. Parfümöl nach Wahl

Niem-Gesichtswasser

Das milde Gesichtswasser wirkt leicht desinfizierend und durch das Hamameliswasser zusammenziehend. Aloe vera spendet Feuchtigkeit und Fluidlecithin wirkt als milder Emulgator. Der Meristemextrakt wird aus embryonalen Pflanzenzellen gewonnen und wirkt als Radikalfänger, das heißt, er macht aggressive und krebsauslösende Stoffe unschädlich.

Phase A

90 ml Hamamelis- oder Rosenwasser
5 ml Aloe-vera-Gel
1 ml Meristemextrakt (ca. 30 Tr.)

Phase B

½ Meßl. Niemöl
2 Meßl. Fluidlecithin CM oder Super
evtl. 5–10 Tr. Parfümöl nach Wahl

Die Zutaten der Phase A, das Hamamelis- oder Rosenwasser, das Aloe-vera-Gel und den Meristemextrakt, verrühren. Die Zutaten der Phase B, Niemöl, Fluidlecithin, Parfümöl, miteinander mischen und unter Rühren in Phase A geben und das Ganze gut durchrühren.

Das Gesichtswasser hält sich ohne Konservierung etwa sechs bis acht Wochen. Für eine längere Haltbarkeit von ungefähr sechs Monaten kann man 20 Tropfen Paraben K hinzufügen. Da sich nach einiger Zeit etwas Niemöl am Boden absetzt, empfiehlt es sich, das Gesichtswasser vor Gebrauch immer gut zu schütteln. Nach der Gesichtsreinigung wird das Gesichtswasser mit einem Schwämmchen oder einem Wattebausch aufgetragen.

■ *Niem für Haare und Nägel*

Niem-Pflegeshampoo

30 ml Face-Tensid
30 ml abgekochtes Wasser o. Aqua dest.
bzw. Aqua dem.
7–8 ml Rewoderm HT
1 Meßl. Nuratin
1 Meßl. Haarquat
1 g Niemöl
10 Tr. D-Panthenol
20 Tr. Paraben K
evt. 10–15 Tr. Parfümöl nach Wahl

Das Face-Tensid mit dem Wasser mischen. Dann das Rewoderm langsam einrühren, bis die Masse die gewünschte Shampoo-Konsistenz erhält. Anschließend fügen Sie Nuratin, Haarquat, das Niemöl, D-Panthenol und ein Parfümöl ihrer Wahl hinzu. Nuratin ist ein Eiweißhydrolysat aus Weizen und verleiht dem Haar Glanz. Durch den Zusatz von Paraben K hält sich das Shampoo etwa sechs Monate.

Niem-Haarwasser

Phase A

3 ml Brennesselextrakt
80 ml lauwarmes Wasser o. Aqua dest.
bzw. Aqua dem.
10 g Niemblätter (zerstoßen)
5 Tr. Meristemextrakt

Phase B

5–10 ml Alkohol (90 %) o. kosmet.
Haarwasser
5 Tr. Vit.-E-natürlich
1 Meßl. Lösungsvermittler LV 41
3 Tr. ätherisches Öl (Teebaum- o.
Rosmarinöl)

Zunächst den Brennesselextrakt und die Niemblätter ins lauwarme Wasser geben. Das Ganze läßt man zwei Stunden ziehen und filtriert anschließend ab. Zu dem Filtrat geben Sie den Meristemextrakt. Dies ist die Phase A.

Für Phase B rührt man Vitamin-E-natürlich in den Alkohol und gibt anschließend unter Rühren den Lösungsvermittler hinzu. Danach rühren Sie das ätherische Öl unter. Phase B wird dann langsam mit Phase A vermengt. Das Haarwasser hält sich ungefähr acht Wochen. Bei Zugabe von 13 Tropfen Paraben verlängert sich die Haltbarkeit auf sechs Monate.

Zum Auftragen auf die Kopfhaut füllt man das Haarwasser am besten in eine Pipettenflasche. Das Haarwasser sollte immer vor dem Gebrauch geschüttelt werden. Dann verteilen Sie etwa ein bis eineinhalb Milliliter des Haarwassers auf der Kopfhaut und massieren es leicht mit den Fingerspitzen ein.

Nagelpflegeöl

10 Tr. Niemöl

10 g Öl (z. B. Haselnußöl oder Hagebuttenkernöl)

3 Tr. Face-Tensid

10 Tr. Nuratin

Alle Zutaten einfach miteinander mischen und in einen leeren Lippgloss-Behälter oder eine kleine verschließbare Flasche füllen. Das Nagelöl sollte regelmäßig, am besten täglich, auf das Nagelbett aufgetragen werden.

■ Niem für den Körper

Flüssige Niemseife

40 ml Wasser o. Aqua dest. bzw. Aqua dem.

35 ml Face-Tensid

5 ml Sanfteen

2–3 ml Rewoderm HT

1 g Niemöl

evtl. 8–12 Tr. Parfümöl nach Wahl

20 Tr. Paraben K

Das Wasser mit Face-Tensid und Sanfteen vermischen. Dann das Rewoderm langsam bis zur gewünschten Seifenkonsistenz unterrühren. Anschließend das Niemöl und ein Parfümöl Ihrer Wahl zugeben. Alles gut durchrühren und in einen Seifenspender füllen. Konserviert mit Paraben K beträgt die Haltbarkeit fünf bis sechs Monate.

Niemölbad

5 g Algenöl

3 g Niemöl

70 ml fettes Öl nach Wahl (z.B. Distel-, Mandel-, Avocadoöl)

13– ml Mulsifan

evtl. 10 ml Parfümöl oder 5 ml ätherisches Öl

Alle Zutaten werden kalt miteinander verrührt. Mulsifan dient hier als Emulgator für das Badeöl. Pro Vollbad gibt man etwa ein bis zwei Eßlöffel dieser Mischung ins Badewasser. Dieses Badeöl hat hervorragende rückfettende Eigenschaften.

Tierpflege

In ihrer Eigenschaft als Schädlingsbekämpfungsmittel sind die Niemsubstanzen auch in der Tierpflege äußerst geschätzt (vgl. Seite 69). Weil unsere vierbeinigen Lieblinge ja vermutlich viel stärker unter Ungeziefer zu leiden haben als Pflanzen, haben wir für sie eine besonders wirkungsvolle Mischung zusammengestellt, mit der Sie Ihre Tiere von Flöhen, Läusen, Milben usw. befreien können.

Niem-Tiershampoo gegen Ungeziefer

4 g (2 geh. TL) Niemsamen (gemahlen)
10 Tr. Teebaumöl
100 ml lauwarmes Wasser o. Aqua dest. bzw. Aqua dem.
70 ml Face-Tensid
1 Meßl. Haarquat
ca. 10 ml Rewoderm HT

Die gemahlenen Niemsamen werden mit dem Teebaumöl, das desinfizierend wirkt, vermengt und mit dem lauwarmen Wasser versetzt. Die Mischung bleibt unter häufigem Umrühren drei Stunden stehen. Dann wird sie zunächst durch ein Sieb, danach noch einmal durch einen feinen Damenstrumpf gefiltert.

Das Face-Tensid wird mit dem Haarquat, das eine anti-elektrische Wirkung hat, verrührt und der fertigen Niemlösung zugegeben. Damit sich das Hundeshampoo gut verteilen läßt, werden dem Ganzen noch ungefähr zehn Gramm Rewoderm zugegeben: Das Shampoo sollte eine angenehme, leicht dickflüssige Konsistenz haben.

Katzen lassen sich eine solche Behandlung nicht gern gefallen. Vielleicht gelingt es Ihnen, zumindest den rohen wäßrigen Niemextrakt (vgl. Seite 57) mit einer Pflanzendusche aufzusprühen. Außerdem können Sie mit Niem zumindest den Schlafplatz des Vierbeiners weitgehend ungezieferfrei halten:

Säckchen für Hunde- und Katzenkörbchen

Schütten Sie ca. 50 Gramm gemahlene Niemsamen auf ein großes Herrentaschentuch. Bei geruchsunempfindlichen Tieren oder Tierhal tern können Sie auf das Niemmehl noch einige Tropfen Lavendel- oder Palmarosaöl geben. Verknoten Sie das Taschentuch und legen Sie das Säckchen auf den Schlafplatz Ihres Lieblings. Natürlich können Sie auch mehrere Niemsäckchen in Ihrer Wohnung postieren.

Register

A

Ableger 22
Aflatoxin 48
Afrika 13, 41, 51
AIDS 72
Alkoholextrakt 47
Alter 17
Amerika 13f.
Ames-Test 70
antibakteriell 72, 74
antiseptisch 43, 48, 76
Anwendung 38, 43, 56
Anwendung, äußere 79
Anwendung, innere 48, 71, 79
Anwendung, medizinische 18, 43, 71
Anwendung, systemische 46, 62f.
arishta 25
Asien 71
Aspergillus flavus 48
ätherische Öle 38, 45, 49, 59, 77
Ausbeute 39, 42
äußere Anwendung 79
Ayurveda 71
azad darakht i hindi 25
azadira dÌnde 25
azadirac 25

Azadirachta excelsa 18, 19
Azadirachta indica 24f.
Azadirachtin 38, 47, 51, 53f., 63

B

Badeöl 84
Bakterien 52, 66
Bewässerung 21
Bezeichnung (lateinische) 24
Bienen 55f.
Bonn, Universität 66

D

Dabajuro 28 ff.
desinfizierend 71
Destillation 43
dongoyaro 25
Düngemittel 46

E

Ecdyson 53
Ektoparasiten 33
El Buchal *28*, 30
Empfängnisverhütung 78
Emulgator 61f., 84
Endoparasiten 34

Entwicklungsländer 28
entzündungshemmend 71, 76
Epidermophyton 72
Erbanlagen 18
Erfolg 36
Ernte 38f.
Erträge 37
Europa 14

F

Fadenwürmer 34, 46, 52
Falcón 29
Familienplanung 78
Fieber 71
Fingernägel 73
Fliegen 47, 53, 66 ff.
Flöhe 53, 59
Fortpflanzung 52, 54
Friedrich-Naumann-Stiftung 27f., 37
Fruchtfliegen 56f.
fungizid 72
Futter 47

G

Gartengrasmilben 58
Gelbsucht 72
Geruch 19f., 43, 47
Geschmack 40
Gesellschaft für Technische Zusammenarbeit (GTZ) 27
Gesichtswasser 81
Gesundheitsspender 66
Getreideplattkäfer 40
Gewinnung 41
Gießen, Universität 23, 30, 61f.

Glyceride 42
Goldfliege 66f.

H

Haare 72
Haarwasser 82f.
Haltbarkeit 62
Haut- und Pflegecreme 80
Hautkrankheiten 72
Häutungshormon 53
Hautverletzungen 71
Heilkunde 11
Herbstmilben 58f.
Herpes-Viren 74
Heuschrecken 27, 50f.
Hexan 42, 46
Hexanextraktion 19
Hirnschäden 20
Hobbythek 7f.
Holzschutzmittel 45
Hunde 59, 85
Hygiene 66, 68

I

Immunität 54
Imprägnierhilfe 45
Indien 11, 13, 20, 41, 44, 47 ff., 70f.
Inhaltsstoffe 38, 51
innere Anwendung 48, 71, 79
Insekten 12, 52 ff.
Insektenabwehr 59
Insektizide 27

K

Kaiser, Bastian 31
Karibik 41
Katzen 59, 85

Keimfähigkeit 20
kohomba 25
Kopfschmerzen 74
Körperpflege 80
Kosmetik 11, 43, 47 f., 64,
 71 f., 80
Krankheitserreger 66
Krebsauslöser 70

L

Lagerbedingungen 20
Laufkäfer 55
Läuse 53, 76
Lebensraum 18
Leberschäden 20
lilac 25
Limonen 38
Limonoide 38, 42, 46 f.,
 60
Linolsäure 42
Lösungsmittel 20, 47, 51
Lösungsvermittler 82
Lucilia cuprina 66

M

Magenbeschwerden 71
Mahagonigewächs 15
Mahlen 39 ff.
Malaria 72
margosa 25
margousier 25
Marienkäfer 55
medizinische Anwendung
 18, 43, 71
Mehltau 43, 59 ff.
Melia azadirachta 25
Melia indica 25
Meliaceae 15
Meliantriol 38
Meliantropin 52

Metamorphose 53
Milben 52, 58 f., 76
Milbentest 59
mindi 25
Möbel 21, 31, 44 f.
Möbelpolitur 44
Monoterpene 38
Mottensäckchen 45
Mottenschutz 44 f.
Mücken 53
Mückengel 77 f.
Mückenschutz 44
Mückenstiche 71, 76,
 78
Mundpflege 48 f.
Muskelverspannungen 71,
 74
Mutation 70
mwarubaini 25
Myanmar 11, 13
Mykotoxine 20, 71

N

Nagelpflegeöl 83
Nagelpilze 73
Neem 24 f.
Nematoden 52
nib 25
Niederschlag 17, 29
Niemanwendung 57
Niemarten 19
Niembaum 7 f., *11*, 17,
 24 f.
Niemblätter 11 f., 15, 44 ff.,
 56, 64, 70 ff.
Niemblättertinktur 74,
 76 ff.
Niemblüten 15 f.
Niembrei 41
Niemcreme 81

Niemextrakt 12, 48, 50 f.,
 56, 59, 62, 67 f., 70
Niemfrüchte 16 f., 32, 35,
 38 f., 69
Niemhandel 64
Niemholz 15, 21, 31
Niemhonig 16
Nieminhaltsstoffe 54
Niemkerne 19, 38, 56
Niemkompresse 74
Niemkontroller 76
Niemkonzentration 52,
 56, 63, 79
Niemkuchen 46
Niemlösung 34, 45, 56 f.,
 60, 68
Niemmehl 40, 45, 86
Niemnagellack 73
Niemnamen 24
Niemöl 13, 19 f., 41 ff.,
 61 f., 64, 67 f., 70 ff.,
 80 ff.
Niemölbad 83
Niempreßkuchen 46 f.
Niemprodukte 8, 55, 64
Niemprojekt 28, 37
Niemrepellent 76 f.
Niemrinde 48 f.
Niemsalbe 72
Niemsamen 12, 17, 19 ff.,
 33, 36 ff., 40, 47, 51, 57,
 60, 64, 72 f., 82, 85
Niemsamensud *58*
Niemseife 74, 83
Niemsetzlinge 23
Niemshampoo 12, 33, 48,
 75 f.
Niemtee 12, 48, 70 f.
Niemwirkstoffe 63, 69
Niemwurzeln 17, 26

Nierenschädigungen
 70
Nim 24
nim 25
nimb 25
nimba 25
Nimbidin 38, 52
Nimbin 38, 52
nimbou 25
nimmi 25
Nützling 54 ff., 63
Nutzpflanzen 61
Nutztiere 33 f.

O

Öle, ätherische 38, 45, 49,
 59, 77
Ölsäure 42
Orycaephilus 40

P

Palmitinsäure 42
Parasit 33 f., 66 f., 75
Patent 63 f.
Persistenz 69
Pflanzenpflegemittel
 57 f.
Pflanzenschutz 12, 17,
 27 f., 41, 47 f., 55, 65
Pflanzenschutzgesetz
 64
Pflanzenschutzmittel
 50 f., 53, 58, 60, 65
Pflegeshampoo 82
Philippinen 19
Pilze 52
Pionierpflanze 26 f.
Pressen 19, 42
Produkte *48*
Pyrethrine 69

R
Regenwald 26
Regenwürmer 56
Rekultivierung 26
Repellent 44
Resistenz 53 f.
Riesenniem *18*, 19
Rinde 49

S
Salannin 38, 52
Salmonella typhimurium
　70
Schädlinge 12, 43 f., 52,
　54 f., 57, 59, 63
Schädlingsbekämpfung
　27, 38, 68
Schatten 13, 35 f.
Schimmelpilz 48
Schlafkrankheit 72
Schlupfwespen 56
Schmarotzer 34
Schmerzen 74
Schmutterer, Heinrich
　27 f., 30, 55
Spritzbrühe 41, 57 f.
Staphylococcus aureus 74
Stearinsäure 42
Stomoxys calcitrans 66
synthetische Insektizide
　55, 57, 64
systemische Anwendung
　46, 62 f.

T
tamar 25
tamarkha 25
Termiten 46
Thailand 19
Tierpflege 64, 85

Tiershampoo 85
Tierversuche 70
Toiletten 67 f.
Tomatengrün 77
Transport 39
Trichophyton 72
Triterpene 38
Triterpenoide 47

U
UNEP 27
Ungeziefer 47, 75
UNIDO 27
Universität Bonn 66
Universität Gießen 23, 30,
　61 f.
UNO 27
unschädlich 68

V
vembu 25
Venezuela 28 f., 47, 72
veppa 25
veppan 25
Verarbeitung 20, 38 f.
Verwendung 43
Viren 52, 66
virushemmend 72
Vögel 32, 55
Vorratsschädlinge 47

W
Wachstum 17 f., 22, 30 f.
Wadenstecher 66 f.
Wanzen 53
wäßrige Niemlösung 45
Wespen 55
Wirkstoffe 38 f., 52
Würmer 34
Wüste 26 f.

Z
Zahnfleisch 48
Zahnpasten 49
Zecken 59
Ziegen 32 f., 34
Zulassung 65

Bezugsquellen

Niemsamen und Niemprodukte erhalten Sie bei:

Spezieller Niemhandel: Niem-Handel (Großhandel), Gerald Moser, Birgit Schick, 64347 Griesheim, August-Bebel-Str. 45, Tel./Fax 06155-2790.
Trifolio-M GmbH, 35633 Lahnau, Sonnenstr. 22, Tel. 06441-63114, Fax 06441-64650.
Niem-Handel Nagold, 72202 Nagold-Hochdorf, Rottweiler Str. 26, Tel. 07459-2229.
Niem Austria Naturprodukte, A-6236 Alpbach, Nr. 592, Tel./Fax 0043-5336-20051, E-Mail: niem@eunet.at, http://www.niem.at.

Sonstige:
*ACONA KOSMETIK, 38304 Wolfenbüttel/Groß Stöckheim, Juliusweg 1a, Tel. 05331-29385
*ALC COSMETIC, 27804 Berne, Kranichstr. 2, Tel. 04406-6144.
ALTAMIRA, 82319 Starnberg, Söckinger Str. 7, Tel. 08151-28571.
BEATES NATURLADEN, 72116 Mössingen, Gustav-Schöller-Str. 7, Tel./Fax 07473-22269.
BELLA CURIOSA, 24937 Flensburg, Nordergraben 24, Tel. 0461-29826, Fax 0461-180817; 25899 Niebüll, Hooger Str. 22, Tel. 04661-3916.
*BELLA DONNA Kosmetik zum Selbermachen, 72764 Reutlingen, Museumsstr. 10, Tel. 07121-321416, Fax 07121-334054.
*BIOTHEK, 74348 Lauffen a. N., Brückenstr. 19, Tel. 07133-22544.

BRANDSMÜHLE, 47533 Kleve, Hagsche Str. 47, Tel./Fax 02821-21112.
*BRENNESSEL, 80799 München, Türkenstr. 60, Tel. 089-280303; 85354 Freising, Untere Hauptstr. 45, Tel. 08161-41999.
CALENDULA, 40217 Düsseldorf, Friedrichstr. 7, Tel. 0211-378655; 46539 Dinslaken, Sterkrader Str. 237, Tel. 02064-92739; 47441 Moers, Homberger Str. 39, Tel. 02841-29388; 47051 Duisburg, Tonhallenpassage, Tel. 0203-284543.
*Fa. C & M DIE ÖKOTHEK, 73430 Aalen, Spitalstr. 14, Tel./Fax 07361-680176; 89522 Heidenheim, Hintere Gasse 18, Tel. 07321-26808.
CARLOTTA NATURA, 73312 Geislingen, Mühlstr. 24, Tel. 07331-69518.
CLEOPATRA KOSMETIK, 82362 Weilheim, Kirchplatz 11, Tel. 0881-64961.
*COLETTE, 23552 Lübeck, Kapitelstr. 5, Tel. 0451-7070869.
*COLIMEX-ZENTRALE, 50996 Köln, Ringstr. 46, Tel. 0221-352072, Fax 0221-352071; Auslieferungsläden: 32312 Lübbecke, Lange Str. 1, in Stern-Apotheke, Tel. 05741-7707; 33102 Paderborn, Bahnhofstr. 18, in St.-Christophorus-Drogerie, Tel. 05251-10520; 41812 Erkelenz, P.-Rüttchen-Str., im KONTRA-Center, Tel. 02431-81071; 41849 Wassenberg, Brabanterstr. 50, im KONTRA-Center, Tel. 02432-81011; 42105 Wuppertal, Rathaus-Galerie L119, Karlsplatz 3, Tel. 0202-443988; 42853 Remscheid, im Allee-Center, Allee 74, Tel./Fax 02191-927963; 47798 Krefeld, Ostwall 146, Tel. 02151-615648; 48527 Nordhorn, Schuhmachershagen 15, Tel. 05921-721072; 50321 Brühl, Mühlenstr. 37; 50667 Köln, Brüderstr. 7, Tel. 0221-2580862; 50858 Köln-Weiden, Aachener Str. 1253, Rhein Center Köln-Weiden; 51465 Bergisch Gladbach, in der Kaufhalle, Richard-Zanders-Str./Refrather Weg, Tel./Fax 02202-43103; 52062 Aachen, Peterstr. 10, Tel. 0241-30327; 52428 Jülich, Am Markt 2, in Parfümerie am Markt,

Tel. 02461-2580; 53111 Bonn, Brüdergasse 4, Tel./Fax 0228-659698; 53797 Lohmar, Broich-Weber, Breiterstegmühle 1, Tel. 02246-4245; 57462 Olpe, Bruchstr. 13, Tel. 02761-5190; 63739 Aschaffenburg, Steingasse 37, Tel. 06021-26464; 67482 Altdorf, Hauptstr. 78, Colimex/Naturkosmetik; 94032 Passau, Am Schanzl 10, Turm-Apotheke, Tel. 0851-33377.

*COSMEDA, 41460 Neuss, Neumarkt 4, Tel. 02131-277212; 46535 Dinslaken, Altmarkt 17, Tel. 02064-15178; 40668 Meerbusch, Gonellastr. 13, Tel. 02150-6625; 47495 Rheinberg, Römerstr. 16, 02843-6116; 47198 Duisburg, Augustastr. 31, Tel. 02066-55104; 41515 Grevenbroich, Montanushof, Tel. 02181-68383; 47167 Duisburg-Neumühl, Lehrerstr. 5, Tel. 0203-994850.

*COSMETIC-BAUKASTEN, 33615 Bielefeld, Arndtstr. 51, Tel. 0521-131008.

*COSMETIX, 48143 Münster, Salzstr. 46b, Tel. 0251-44662.

CREATIV KOSMETIK, 82008 Unterhaching, Bahnhofsweg 3, Tel. 089-6115916.

*DUFT & SCHÖNHEIT, 80331 München, Sendlinger Str. 46, Tel. 089-2608259.

DUFTKÄNNCHEN; 45657 Recklinghausen, Reitzensteinstr. 50, Tel. 02361-16216, Fax 02361-185050.

*HANNI'S BIOSHOP, 86456 Gablingen, Achsheimerstr. 10, Tel. 08230-9897.

HELGAS HOBBY SHOP, 63584 Gründau, Gartenstr. 19, Tel. 06058-2135.

*HEXENKÜCHE, 82152 Krailling, Luitpoldstr. 25, Tel. 089-8593135, Fax 089-8593136.

*HOBBY-KOSMETIK, 86153 Augsburg, Lechhauserstr. 3, Tel. 0821-155346, Fax 0821-513945; 70806 Kornwestheim, Stauffenbergstr. 26, Tel. 07154-3744; 97456 Dittelbrunn, Erlenstr. 25, Tel. 09721-44190; 84559 Kraiburg am Inn, Hochfellnstr. 2, Tel. 08638-7073.

HOBBY-KOSMETIK HAAG, 74821 Mosbach, Entengasse 4, Tel. 06261-14020.

*INATURA, 42551 Velbert, Friedrichstr. 303, Tel./Fax 02051-23355.

*JANSON GmbH, 76133 Karlsruhe, Kaiserpassage 16, Tel. 0721-26410, Fax 0721-27780.

JOJOBA, 35066 Frankenberg, Auf der Nemphe 2, Tel. 06451-4621.

*JOJOBA NATURPRODUKTE, 57076 Siegen-Weidenau, Bismarckstr. 5/Siegerlandzentrum, Tel. 0271-790201, Fax 0271-73866.

*KNACK-PUNKT, 73230 Kirchheim, Alleenstr. 87, Tel./Fax 07021-41726; 27472 Cuxhaven, Präsident-Herwig-Str. 40, Tel. 04721-62820.

*KOSMETIK-BAZARE: Interessengemeinschaft der Kosmetik-Bazare e.V. Dientzenhofer Str. 14, 63924 Kleinheubach, Tel. 09371-68861, Fax 09371-67567; 48431 Rheine, Matthiasstr. 5, Tel. 05971-15421, Fax 05971-2170; 53721 Siegburg, Holzgasse 47, Tel./Fax 02241-590942; 58511 Lüdenscheid, Ringmauerstr. 5, Tel. 02351-179399, Fax 02351-179390; 59555 Lippstadt, Blumenstr. 1, Tel. 02941-78466, Fax 02947-5276; 63924 Kleinheubach, Dientzenhoferstr. 14, Tel. 09371-68861, Fax 09371-67567; 65183 Wiesbaden, Wagemannstr. 3, Tel. 0611-379370, Fax 06124-3329; 67655 Kaiserslautern, Grüner Graben 3, Tel. 0631-92527, Fax 0631-66930; 71638 Ludwigsburg, Leonbergerstr. 29, Tel./Fax 07141-927763; 73728 Esslingen, Kupfergasse 13, Tel./Fax 0711-355605; 75172 Pforzheim, Bahnhofstr. 9, Tel. 07231-33254, Fax 07452-67025; 97464 Oberwerrn, Bergstr. 7, Tel./Fax 09726-3319.

KOSMETIK KREATIV UND AROMAZENTRUM, 36304 Alsfeld, Schwabenröderstr. 61, Tel. 06631-6225; KOSMETIK KREATIV DEPOT, 36043 Fulda, Künzellerstr. 89, Tel. 0661-76924; 60320 Frankfurt, Friseniusstr. 15, Tel. 069-565975.

KOSMETIK-SHOP LAVENDULA, 49090 Osnabrück, Natruper Str. 128, Tel./Fax 0541-683472.

KOSMETIK ZUM SELBERMACHEN, 85049 Ingolstadt, Sauerstr. 9, Tel. 0841-33711.

KOSMETIK ZUM SELBERMACHEN, 93133 Burglengenfeld, R.-Schumann-Str. 10, Tel./Fax 09471-6835.

KOSNA VERA, 59174 Kamen, Märkische Str. 28, Tel. 02307-4772; 59423 Unna, Markt 16, Tel. 02303-21337.

*KRÄUTER FISCHER, 33378 Rheda-Wiedenbrück, Markt 3, Tel. 05242-55958.

*KREATIV, 55595 Hargesheim, Schulstr. 3, Tel. 0671-32333.

KREUZHERRN APOTHEKE, 87700 Memmingen, Kalchstr. 12, Tel. 08331-4667, Fax 08331-80044.

MARGOTS BIOECKE, 51143 Köln-Porz, Josefstr./Ladenzeile Busbahnhof, Tel. 02203-55242, Fax 02203-57307.

MCQUEENS NATURSHOP, 22880 Wedel, EKZ Rosengarten 6b, Tel. 04103-14950.

NATUR PUR, 06108 Halle, Schülershof 1, Tel. 0345-2032285.

NATUR & PFLEGE, 91522 Ansbach, Kronenstr. 2, Tel. 0981-15266.

NATUR-ECKE, 46509 Xanten, Poststr. 24, Tel. 02801-5658/4847.

NATUR UND HOBBYLADEN, 91710 Gunzenhausen, Strittstr. 4, Tel. 09831-8574.

NATURTÖPFLA, 95194 Regnitzlosau, Trogenau 25, Tel. 09294-1713.

*NATURWARENLADEN Löschner, 97447 Gerolzhofen, Weiße-Turm-Str. 1, Tel. 09382-4115, Fax 09382-5692.

*OMIKRON, 71032 Böblingen, Brunnenstr. 33, Tel. 07031-289082; 74382 Neckarwestheim, Ländelstr. 32, Tel. 07133-17081; 73635 Rudersberg-Schlechtbach, Bahnhofsplatz 41, Tel. 07183-8565.

PAPILLON – Die andere Pflege, 71063 Sindelfingen, Lützelwiesenstr. 17, Tel. 07031-800774.

*PLATH PARFUMS, 24103 Kiel, Eggerstedtstr. 1, Tel. 0431-92923, Fax 0431-93401.

*POTPOURRI NATURE SHOP, 71263 Weil der Stadt, Katharinenstr. 4, Tel. 07033-533992, Fax 07033-533991.

PUDERDOSE, 67549 Worms, Zornstr. 2, Tel. 06241-594044, Fax 06241-595122.

*PURA NATURA, 90402 Nürnberg, Johannesgasse 55, Tel. 0911-209522.

*SPINNRAD GMBH/ZENTRALE, 45886 Gelsenkirchen, Am Luftschacht 3a, Tel. 0209-17000-0, Tx. 824726 natur d, Fax. 0209-17000-40; Auslieferungsläden: 01219 Dresden-Nickern, Kaufpark, Dohnaer Str 246, Tel. 0351-2882089; 04329 Leipzig, Paunsdorfer Allee 1, Tel. 0341-2518906; 06254 Günthersdorf, Saale Park, Tel. 03463-820803; 07743 Jena, Goethe Galerie/Goethestr., Tel. 03641-890906; 09125 Chemnitz, Annabergerstr. 315, Tel. 0371-514226; 10247 Berlin, Frankfurter Allee 53, Tel. 030-4276161; 10719 Berlin-Wilmersdorf, Uhlandstr. 43-44, Tel. 030-8814848; 10789 Berlin, Europacenter/Breitscheidplatz, Tel. 030-2616106; 12163 Berlin-Steglitz, Schloßstr. 1, Tel. 030-7911080; 12351 Berlin-Gropiusstadt, Johannisthaler Chaussee 295-327; 12619 Berlin-Hellersdorf, Spree-Center, Hellersdorferstr. 79-81, Tel. 030-5612081; 14480 Potsdam-Drewitz, Nuthestr./Sternstr.; 15745 Wildau, Chausseestr. 1; 18055 Rostock, Rostocker Hof/Kröpeliner Str., Tel. 0381-4923281; 20146 Hamburg, Grindelallee 42, Tel. 040-4106096; 21335 Lüneburg, Grapengießer Str. 25, Tel. 04131-406427; 21614 Buxtehude, Brücken-Apotheke, Zwischen den Brücken 7, Tel. 04161-52233; 22143 Hamburg-Rahlstedt, Schwerinerstr. 8-12, Tel. 040-6779044; 22765 Hamburg-Ottensen, Ottenser Hauptstr. 8, Tel. 040-392310; 23552 Lübeck, Mühlenstr. 11, Tel. 0451-7063307; 24103 Kiel, Holstenstr. 34, Tel. 0431-978728; 24534 Neumünster, Großflecken 51-53, Tel. 04321-41633; 24937 Flensburg, Große Str. 3, Tel. 0461-13761; 25524 Itzehoe, Feldschmiedekamp 6; 26122 Oldenburg, Gaststr. 26, Tel. 0441-25493; 26506 Norden, Neuer Weg 38; 27568 Bremerhaven, Bürgermeister-Smidt-Str. 53, Tel. 0471-44203; 27749 Delmenhorst, Lange Str. 96, Tel. 04221-129331; 28195 Bremen, Bremer Carré, Obernstr. 67, Tel. 0421-691932; 28203 Bremen, Ostertorsteinweg 90, Tel. 0421-74318; 30159 Hannover, Steintorstr. 9,

Tel. 0511-329093; 30159 Hannover, Georgstr. 7,
Tel. 0511-7000815; 30823 Garbsen, Nord-West-EKZ,
Realkauf, Tel. 05131-95769; 30823 Garbsen, Havelser/
Berenbosteler Str.; 30853 Langenhagen, Marktplatz 5,
Tel. 0511-772056; 30880 Laatzen, Marktplatz 2,
Tel. 0511-8236700; 31134 Hildesheim, Angouleme-
platz 2, Tel. 05121-57311; 32052 Herford, Lübbestr.
12-20, Tel. 05221-529654; 32423 Minden, Bäckerstr.
72, Tel. 0571-87580; 33098 Paderborn, Königsplatz
12, Tel. 05251-281759; 33330 Gütersloh, Münsterstr.
6, Tel. 05241-237071; 33602 Bielefeld, Bahnhofstr.,
Tel. 0521-66152; 34117 Kassel, Hedwigstr. 9, Tel.
0561-14911; 34117 Kassel, Untere Königsstr. 52; 35390
Gießen, Kaplansgasse 2-4, Tel. 0641-792393; 35576
Wetzlar, Langgasse 39, Tel. 06441-46952; 36037 Fulda,
Bahnhofstr. 4, Tel. 0661-240638; 37073 Göttingen,
Gronerstr. 57/58, Tel. 0551-44700; 38100 Braun-
schweig, Vor der Burg 8, Tel. 0531-42032; 38440
Wolfsburg, Porschestr.102, Tel. 05361-15004; 39326
Hermsdorf, Elbe Park EKZ, Tel. 039206-52207;
40212 Düsseldorf, Schadowstr. 80, Tel. 0211-357105;
40721 Hilden, Bismarckpassage, Tel. 02103-581937;
41061 Mönchengladbach, Hindenburgstr. 173, Tel.
02161-22728; 41236 Mönchengladbach-Rheydt, Stre-
semannstr. 1-7, Tel. 02166-619739; 41460 Neuss,
Oberstr./Zollstr., Tel. 02131-276708; 41539 Dorma-
gen, Kölner Str. 98, Tel. 02133-49045; 41747 Viersen,
Hauptstr. 85, Tel. 02162-350549; 42103 Wuppertal-
Elberfeld, Herzogstr. 28, Tel. 0202-441281; 42275
Wuppertal-Barmen, Alter Markt 7, Tel. 0202-551753;
42651 Solingen, Hauptstr. 28, Tel. 0212-204041; 42853
Remscheid, Alleestr. 30, Tel. 02191-420867; 44135
Dortmund, Lütge-Brück-Str. 12, Tel. 0231-578936;
44575 Castrop-Rauxel, EKZ Widumer Platz, Tel.
02305-27215; 44623 Herne, Bebelstr. 8, Tel. 02323-
53045; 44623 Herne, Bahnhofstr. 45, Tel. 02323-
53021; 44787 Bochum, Kortumstr. 33, Tel. 0234-
66123; 44791 Bochum, Ruhrpark Shopping Center,
Tel. 0234-238516; 45127 Essen, Porscheplatz 21, Tel.

0201-221295; 45276 Essen-Steele, Bochumer Str. 16;
45329 Essen-Altenessen, Altenessener Str. 411, Tel.
0201-333617; 45468 Mülheim, Hans-Böckler-Platz
10, Tel. 0208-34907; 45472 Mülheim, Rhein-Ruhr-
Zentrum, Tel. 0208-498192; 45525 Hattingen, Obermarkt 1, Tel. 02324-55691; 45657 Recklinghausen,
Kunibertistr. 28, Tel. 02361-24194; 45768 Marl, Obere
Ladenstr. 68, Tel. 02365-56429; 45879 Gelsenkirchen,
Klosterstr. 13, Tel. 0209-208963; 45897 Gelsen-
kirchen-Buer, Horsterstr. 4, Tel. 0209-398889;
45964 Gladbeck, Hochstr. 29-31, Tel. 02043-21293;
46047 Oberhausen, Osterfelderstr., Tel. 0208-21970;
46049 Oberhausen, Bero-Center 110, Tel. 0208-
27065; 46236 Bottrop, Hochstr. 11, Tel. 02041-20113;
46236 Bottrop, Kirchplatz 4, Tel. 02041-684484;
46282 Dorsten, Recklinghäuserstr. 4, Tel. 02362-
45748; 46397 Bocholt, Osterstr. 51, Tel. 02871-
186024; 46483 Wesel, Hohe Str. 26, Tel. 0281-34794;
46535 Dinslaken, Duisburgerstr. 10, Tel. 02064-
54557; 47051 Duisburg, Königstr. 42, Tel. 0203-
284497; 47441 Moers, EKZ Neumarkt-Eck,
Tel. 02841-23771; 47798 Krefeld, Hansa Zentrum 42/
43, Tel. 02151-395635; 47798 Krefeld, Neumarkt 2,
Tel. 02151-22547; 48143 Münster, Alter Steinweg 39,
Tel. 0251-518541; 48143 Münster, Ludgeristr. 114,
Tel. 0251-42352; 48282 Emsdetten, Bahnofstr. 2-8,
Tel. 02572-88447; 48431 Rheine, Münsterstr. 6,
Tel. 05971-13548; 49074 Osnabrück, Große Str. 84/85,
Tel. 0541-201373; 50672 Köln, Bazaar de Cologne/
Mittelstr. 12-14, Tel. 0221-256606; 50678 Köln, Seve-
rinstr. 53, Tel. 0221-3100018; 50765 Köln-Chorweiler,
Mailänder Passage 1, Tel. 0221-7088940; 50823 Köln,
Venloerstr. 336, Tel. 0221-5103342; 51373 Leverkusen,
Hauptstr. 73, Tel. 0214-403131; 51643 Gummersbach,
Wilhelmstr. 7, Tel. 02261-64784; 52062 Aachen,
Rethelstr. 3, Tel. 0241-25254; 52062 Aachen, Adal-
bertstr. 110. Tel. 0241-20453; 52222 Stolberg, Stein-
weg 83-89, Tel. 02402-21245; 52249 Eschweiler, Gra-
benstr. 66, Tel. 02403-15286; 52349 Düren, Josef-

Schregel-Str. 48, Tel. 02421-10082; 53111 Bonn, Poststr. 4, Tel. 0228-636667; 53757 St. Augustin, Rathausallee 16, Tel. 02241-27040; 53879 Euskirchen, Hochstr. 56, Tel. 02251-55521; 53879 Euskirchen, Berlinerstr./Ecke Kapuziner Str., Tel. 02251-782191; 54290 Trier, Neustr. 66, Tel. 0651-48241; 55116 Mainz, Kirschgarten 4, Tel. 06131-228141; 55116 Mainz, Lotharstr. 9, Tel. 06131-238373; 56068 Koblenz, Löhrstr. 16-20, Tel. 0261-14925; 56564 Neuwied, Langendorfer Str. 111, Tel. 02631-357661; 57072 Siegen, Marburgerstr. 34, 0271-54540; 58095 Hagen, Elberfelderstr. 64, Tel. 02331-17438; 58452 Witten, Bahnhofstr. 38, Tel. 02302-275122; 58511 Lüdenscheid, EKZ Stern Center/Altenaer Str., Tel. 02351-22907; 58636 Iserlohn, Alter Rathausplatz 7, Tel. 02371-23296; 59065 Hamm, Bahnhofstr. 1c, Tel. 02381-20245; 59227 Ahlen, Oststr. 44, Tel. 02382-806677; 59555 Lippstadt, Lippe-Galerie/Langestr., Tel. 02941-58332; 60311 Frankfurt, Kaiserstr. 11, Tel. 069-291481; 60439 Frankfurt, Tituscorsostr. 2b, Tel. 069-584800; 63065 Offenbach, Herrenstr. 37, Tel. 069-825648; 63739 Aschaffenburg, City-Galerie, Goldbachstr. 9, Tel. 06021-12662; 64283 Darmstadt, Wilhelminenpassage, Tel. 06151-22078; 65183 Wiesbaden, Mauritius Galerie 2, Tel. 0611-378166; 66111 Saarbrücken, Dudweilerstr. 12, Tel. 0681-3908994; 66424 Homburg/Saar, Talstr. 38a, Tel. 06841-5351; 67059 Ludwigshafen, Bismarckstr. 106, Tel. 0621-526664; 67547 Worms, Obermarkt 12, Tel. 06241-88462; 67655 Kaiserslautern, Pirmasenser Str. 8, Tel. 0631-696114; 68159 Mannheim, Kurpfalzpassage, Tel. 0621-154662; 68159 Mannheim, Kurpfalzstr. H1, 1-2; 69115 Heidelberg, Das Carée, Rohrbacherstr. 6-8d, Tel. 06221-166825; 70173 Stuttgart, Lautenschlagerstr. 3, Tel. 0711-291469; 70372 Stuttgart-Bad Cannstatt, Bahnhofstr. 1-5, Tel. 0711-562113; 71084 Böblingen, Sindelfinger Allee, Tel. 07031-233664; 71638 Ludwigsburg, Wilhelmstr. 24, Tel. 07141-970276; 71638 Ludwigsburg, Marstall-Center, Tel. 07141-902879;

72764 Reutlingen, Metzgerstr. 4, Tel. 07121-320415; 73733 Esslingen, Weilstr. 227, Tel. 0711-386905; 74072 Heilbronn, Sülmerstr. 34, Tel. 07131-962138; 75172 Pforzheim, Bahnhofstr. 10, Tel. 07231-353071; 76133 Karlsruhe, Kaiserstr. 170, Tel. 0721-24845; 76829 Landau, Rathausplatz 10, Tel. 06341-85818; 78050 Villingen-Schwenningen, Niedere Str. 37, Tel. 07721-32575; 78224 Singen, Scheffelstr. 9, Tel. 07731-68642; 78462 Konstanz, Hussenstr. 24, Tel. 07531-15329; 78532 Tuttlingen, Hecht Carré, Königstr. 2, Tel. 07461-76961; 79098 Freiburg, Oberlindenpassage, Herrenstr. 49, Tel. 0761-381213; 80331 München, Sendlingerstr. 66/Asamhof, Tel. 089-264159; 80797 München-Schwabing, Schleißheimer Str. 100, Tel. 089-1238685; 83022 Rosenheim, Stadtcenter/Kufsteiner Str. 7, Tel. 08031-33536; 85057 Ingolstadt, Am West Park 6, Tel. 0841-87822; 86150 Augsburg, Bahnhofstr. 26-30, Tel. 0821-155482; 87435 Kempten, Bahnhofstr. 1, Tel. 0831-202513; 87435 Kempten, Fischersteige 4, Tel. 0831-24503; 88212 Ravensburg, Eisenbahnstr. 8, Tel. 0751-14489; 89073 Ulm, Neue Str. 93, Tel. 0731-60909; 90402 Nürnberg, Grand Bazar/Karolinenstr. 45, Tel. 0911-232533; 90762 Fürth, Alexanderstr. 11, Tel. 0911-773663; 91054 Erlangen, Hauptstr. 46, Tel. 0913-201043; 91126 Schwabach, Königstr. 2, Tel. 09122-16849; 92637 Weiden, Mooslohstr. 123, Tel. 0961-27710; 95028 Hof, Ludwigstr. 47, Tel. 09281-3641; 96052 Bamberg, Ludwigstr. 2, Tel. 0951-202588; 96450 Coburg, Steinweg 24, Tel. 09561-99414; 97070 Würzburg, Kaiserstr. 16, Tel. 0931-15608; 99085 Erfurt, Nordhäuser Str. 7b, Tel. 0361-7462048..

DAS NEUE STECKENPFERD, 24768 Rendsburg, Nienstadtstr. 10, Tel./Fax 04331-24243.

*STELLA-Essenzen, 73066 Uhingen, Bleichereistr. 41, Tel./Fax 07161-939630.

*STEPHAN, 59755 Arnsberg, Mendenerstr. 14, Tel. 02932-25000.

*STERNTALER NATURLADEN, 42651 Solingen,

Am Neumarkt 27, Tel. 0212-10332; 42929 Wermels-
kirchen, Kölnerstr. 36, Tel. 02196-93982.
*SUNCOS GmbH, 61169 Friedberg, Kaiserstr. 113, Tel./
Fax 06031-62597; 61184 Karben, Bahnhofstr. 24, Tel.
06039-95196; 61118 Bad-Vilbel, Frankfurter Str. 40,
Tel. 06101-12681; 61348 Bad Homburg, Rathausstr.
5a, Tel. 06172-21918.
SYLVI'S NATURLADEN, 47906 Kempen, Judenstr.
19, Tel. 02152-54590; 13595 Berlin, Pichelsdorferstr.
93, Tel. 030-3317878; 88489 Wain, Obere Dorfstr. 37,
Tel. 07353-1465.
*DER UMWELTLADEN, 88427 Bad Schussenried,
Keilbachstr. 7, Tel. 07583-4293.
VITALIS-APOTHEKE, 59556 Lippstadt-Cappel, Bek-
kumer Str. 214, Tel. 02941-78972.
*VON DER GATHEN BIOCOSMETIC, 40211 Düs-
seldorf, Am Wehrhan 24, Tel. 0211-1640355; 50672
Köln, Ehrenstr. 35, Tel. 0221-256636.
WASCH- UND PFLEGEECKE, 91710 Gunzenhausen,
Lindenstr. 2b, Tel. 09831-7429.
WASCHKÜCHE, 95213 Münchberg, Friedrich-Ebert-
Str. 70.
YIN YANG, 63897 Miltenberg, Hauptstr. 24, Tel./Fax
09371-68099.

In der Schweiz:
DORF-LÄDELI, CH-8863 Buttikon, Kantonsstr. 49,
Tel. 0041-55-4441854.
DROGERIE LEHNER, CH-3097 Liebefeld, Kirchstr.
15, Tel. 0041-31-9714612, Fax 0041-31-9725309.
*INTERWEGA Handels AG, CH-8863 Buttikon, Post-
fach 125, Tel. 0041-55-4441854, Fax 0041-55-4442477.

In Österreich:
*CREATIV-COSMETIK, A-5020 Salzburg, Gans-
hofstr. 8, Tel. 0043-662-848802, Fax 0043-662-
848803.
D. I. HERMANN & D. I. HACKL OEG, Evolutions-
erprobte Naturstoffe, A-4910 Ried i. L., Bahnhofstr. 1a; A-1200 Wien, Stromstr. 18–20/5/19,
Tel. & Fax 0043-1-3305038.

Die mit * gekennzeichneten Firmen betreiben auch Versandhandel.
Einige Substanzen erhalten Sie auch in Reformhäusern, Drogerien, Apo-
theken, Bioläden und Lebensmittelläden. Vergleichen Sie die Preise!
Hinweis:
Autoren und Verlag bemühen sich, in diesem Verzeichnis nur Firmen zu
nennen, die hinsichtlich der Substanzen und Preise zuverlässig und günstig sind. Trotzdem kann eine Gewährleistung von Autoren und Verlag
nicht übernommen werden. Irgendwelche Formen von gesellschafts-
rechtlicher Verbindung, Beteiligung und/oder Abhängigkeit zwischen
Autoren und Verlag einerseits und den hier aufgeführten Firmen andererseits existieren nicht.

Für Umwelt und Soziale Verantwortung

Spinnrad
DIE DROGERIE

PARTNER IN DER GANZEN WELT

Anbau von Pflanzen zur Gewinnung etherischer Öle in El Salvador

Täglich entnommene Proben garantieren Reinheit und Qualität

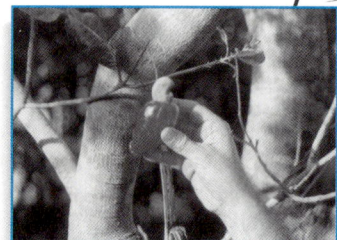

Spinnrad bezieht Cashew-Kerne direkt aus der Frauenkooperative "La Surenita" in Honduras

Traditionelles Keramikhandwerk in Vietnam

Jedes Spirulina-Becken ist größer als ein Fußballfeld (USA)

Spinnrad importiert handgeschöpftes Papier aus Santo Domingo (Philippinen)

Costa Rica, eines der Länder, das durch den bei Spinnrad erhältlichen TRANSFAIR-Kaffee unterstützt wird

Spinnrad GmbH
Am Luftschacht 3A ● 45886 Gelsenkirchen
Tel.: 0209/17000-0 ● Fax: 0209/17000-40
E-Mail:Spinnrad@umwelt.de

Fordern Sie Ihren kostenlosen SPINNRAD-Katalog unter 0209/17000-0 an!